小学数学结构化
单元教学丛书

吴正宪　武维民　张秋爽　丛书主编

# 数的整除

周卫红　禹　芳　主编
崔　静　赵　东　副主编

教育科学出版社
·北　京·

## 丛书主编

### 吴正宪

北京教育科学研究院正高级教师，北京市特级教师，全国模范教师。中国教育学会小学数学教学专业委员会理事长，教育部基础教育教学指导委员会数学教学指导专委会副主任委员，义务教育数学课程标准修订组成员。

### 武维民

正高级教师，北京市特级教师，北京市房山区教师进修学校副校长，“国培计划”专家，吴正宪小学数学教师工作站核心组成员。先后获得全国优秀教师、全国五一劳动奖章等荣誉。参与研究的成果荣获基础教育国家级教学成果奖一等奖。

### 张秋爽

正高级教师，北京市特级教师，北京市顺义区教育研究和教师研修中心小学数学教研员，吴正宪小学数学教师工作站核心组成员。作为副主编参与了6本书的编写，参与研究的成果荣获基础教育国家级教学成果奖一等奖。

## 本书主编

### 周卫红

正高级教师，北京市昌平区教师进修学校小学数学教研员，吴正宪小学数学教师工作站首批成员，北京市优秀教师，北京市学科教学带头人。参与北京版小学数学教材、教学参考书的编写，担任《快乐的小学生数学（六年级上 / 下）》《吴正宪课堂教学策略》等书的主编或副主编。多年来专注于小学数学教学研究和教师培训工作，指导多名教师参加教学展示大赛，指导的课多次获国家级、市级一等奖。

### 禹　芳

北京市特级教师，北京市学科教学带头人，昌平区师德标兵，昌平榜样。参与多项国家、市、区级课题研究，多篇文章在核心期刊发表。担任昌平区名师工作室主持人，工作室多名成员荣获市、区级骨干教师称号。

# 目录

# 丛书序

## 序一：跟吴正宪学当老师

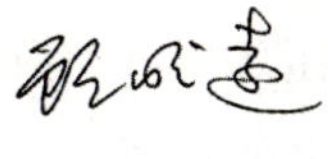

我常说：课堂教学是立德树人的主渠道，落实“双减”、提高教育质量，都要落实到课堂教学上。上好每一节课，教好每一个学生，学生的作业负担就会减轻。学生就有时间锻炼身体、走向自然、走向社会，参加他喜爱的活动；并且能够提高对学习的兴趣，提高学习效率。这样，才能真正做到德智体美劳“五育”并举，培养有理想信念、有真实本领、奉献祖国的一代新人。

怎样做到上好每一节课，教好每一个学生？这就要向吴正宪老师学习。我曾经为《跟吴正宪学教数学》《跟吴正宪学当老师》等书作过序。这些书是她的弟子——一批年轻教师记录的吴正宪老师教书育人、做人做事等方面的故事，以及他们的感悟。他们透过一个个鲜活的故事，讲述吴正宪老师的教育思想和教学艺术，讲述吴正宪老师怎样手把手地引领年轻教师的成长。今天，教育科学出版社又策划编辑出版“小学数学结构化单元教学丛书”。正如出版社编辑所说：“这不仅是一套指导小学数学教师如何结构化教学的书，也是一套结构化解密吴老师教学艺术的书，要让吴老师变得‘可学’。”吴正宪小学数学团队的老师们经过近5年的现场听课、研磨讨论，再一次总结了吴老师的教育思想和教学艺术，以结构化单元教学为载体，通过多个板块设计解开吴正宪教学艺术的秘密，让被很多老师认为“不可学”的吴老师变得“可学”。

吴正宪老师的教育思想和教学艺术有哪些特点呢？我认为：第一，吴老师热爱孩子，热爱教育事业，她把自己的生命融入小学数学教育。这是当好教师的根本。第二，吴老师不仅具有扎实的数学功底，而且具有广阔的视野，不是孤立地注重眼前的教学，而是研究儿童，联系整个的教育事业，在几十年的数学教育生涯中建立了儿童数学教育理论体系。第三，吴老师了解儿童、尊重儿童，把儿童作为学习的主体，充分发挥学生的主动性和积极性。第四，吴老师在教学中不是孤立地上好一节课，而是深入钻研数学课程和教材，抓住了数学的大概念、数学课程的整体结构和基本概念，重视儿童思维的发展，避免知识的孤立化、碎片化。她的教学明快流畅，紧扣主题，启迪思维，步步深入，引人入胜。

这套书主要以小学数学核心内容和吴正宪老师对于该内容的关键课为载体，记录了吴老师真实的课堂教学过程，并通过一线教师和教研员的互动讨论、吴老师开讲、专家点评等内容，来展示吴老师的教育思想和教学艺术。特别是课例以《义务教育数学课程标准（2022年版）》为指导思想，努力体现新课标的新要求，从内容结构化的整体视角设计教学活动。这套书中的每本书在成书时分别聚焦一个领域某个主题下的关键课，这样，整套书就几乎涵盖了小学数学的全部关键课。

我相信读者通过这套书，可以更深入地向吴正宪老师学习，将来成为一名像吴老师一样的优秀教师。

（顾明远，北京师范大学资深教授，国家教育咨询委员会委员，中国教育学会名誉会长。）

# 序二：关注数学本质　遵循认知规律　促进思维发展

史宁中

《义务教育数学课程标准（2022年版）》（简称“2022版课标”）颁布之际，我收到了“小学数学结构化单元教学丛书”书稿，这是吴正宪小学数学教师团队献给广大一线教师的一套教学实践指导书。书中所呈现的内容，是吴老师几十年小学数学教学的精华，是她对小学数学教学实践探索和理论思考的结晶，是一个教学团队成长与研究历程的记录，也是她的同伴、学生以及家长对一名小学数学教师的认可与尊重。从这套书中，我更加清晰了一个印象：吴老师是一位儿童数学教育家。

吴正宪老师不仅自己努力践行儿童数学教育，还努力把自己的教学实践条理化，转化为可以推广的育人规律，让更多的老师获得数学教育的智慧，让更多的儿童享受美好的数学教育。

## 一、把握数学育人理念

落实教育要立德树人的根本任务，教育理念至关重要。现代的教育理念提倡的是“以人为本”，以此替代传统的“以知识为本”。我想，以人为本的含义主要包括两个方面：一个方面是学会站在儿童的立场上去思考问题，践行尊重的教育；另一个方面是注重儿童的全面发展，实行素质教育。吴老师的教育教学理念充分体现了这两个方面，她自己概括为：“走进儿童心中，读懂儿童需求，站在儿童的角度看数学，按照儿童认知规律和心理需求设计、组织教学。”她认为，每一个儿童都是活生生的人，要努力地读懂儿童，真诚地和他们交朋友，友善地走进他们的心灵，努力把自己的生命和孩子们的生命融在一起，使他们迸发出情感与智慧的火花。我曾经听过吴老师的几节课，无论是多么陌生的学生，吴老师都能很快地与学生融为一体，活跃着课堂，吸引着学生与她一起思考，这正是对这种教育教学理念最好的实践。

2014年的《光明日报》发表了吴正宪主笔撰写的《从数学教学走向数学教育》系列文章，她提出数学教育要为儿童终身可持续发展服务，为儿童的全面成长服务。在课堂中发生的一个个她与儿童的小故事打动着听课老师们的心，她让儿童数学课堂更温暖、更友善、更智慧。由此可见，吴正宪老师不仅有着现代的教育教学理念，更可贵的是能够把理念转化为教育教学行为，在数学课堂中进行实施。

## 二、把握数学教育本质

把握学科知识和学科思想是实现育人理念的基础。一名优秀的教师在把握学科知识方面，应当更侧重于了解知识的产生过程、知识之间相互的联系以及整个知识体系的框架，从中理解学科知识本身的思维形式和思维方法。学科思想大体可以分为三个层次：第一个层次是统领学科发展的，比如数学中抽象、推理、模型的思想；第二个层次是影响学科方法的，比如数学中数形结合、递归的思想；第三个层次是解决具体问题的，比如数学中消元法、等量代换的思想。在这套书中，吴老师和她的团队为我们展示的教学实例和教学策略，较好地体现了对数学学科知识和学科思想的把握。比如，以“小数”“百分数”等为主题，系统建构数学知识结构，体现教学内容的结构化整合，引导学生感悟数学本质的一致性；在数学教学的过程中，努力帮助儿童建起核心知识与核心素养的“承重墙”，打通知识之间的“隔断墙”，引导儿童整体把握知识结构，培养儿童的迁移能力。

这套书记录了吴正宪老师课堂教学的现场以及团队老师们研讨的过程，是对吴老师多年教学实践探索的总结，也是吴老师多年教学实践耕耘的成果。早在20世纪80年代初期，吴正宪老师就开始了小学数学教学改革，实验的第一步就是“教材改革”，也就是对教材内容进行重新整合。她根据知识的内在联系和结构关系重新整合成六个知识系统进行教学，调整原教材知识的编排顺序，将零散的知识整合起来，将有联系的内容组织成一个系列，进行整体结构化的教学，缩短了课时，提高了效率，促进了儿童思维发展。这和后续的 “教法改革”“学法改革”“考法改革”等一系列的教改实验，形成了她今天教学主张的理论依据，也是形成现在这套书的实践基础。

事实上，对于小学数学，根据儿童的身心发展规律，对数的认识必须借助现实背景，对数的运算必须依赖实际意义，但是，数学的一般性最终要求舍弃认识数的现实背景和理解运算的现实意义，这就是数学化的过程，体现了数学抽象的层次性，实现了小学数学的一致性。要在这样的教学过程中，让儿童感悟符号意识、数感和量感等，形成和发展核心素养。这就是2022版课标确立的核心素养导向的课程目标，重点是对内容进行结构化整合，探索发展儿童核心素养的路径。

## 三、把握儿童学习规律

一名优秀的教师，必须研究儿童是如何获取知识的。吴正宪老师几十年来一直努力探索和研究儿童数学学习的规律，她说：“作为小学数学教师，我们一是要理解儿童，研究儿童学习的规律；二是要理解数学，研究数学的本质属性；三是要理解数学教育，研究数学教育的规律。只有在理解和研究儿童、理解和研究数学的基础上，才能更好地理解和研究儿童数学教育。”她是这样说的，也是这样做的。

在数学教学中，她善于从哲学的视角审视数学教学，在不断完善儿童的认知结构的同时，让儿童感知认识事物的普遍方法；她特别关注儿童的思维发展，引导儿童在学习活动中积累学习经验，提升观察、猜测、验证、推理及概括的能力。让儿童的思维在跌宕中升华，让儿童在解决矛盾的过程中感受着智力活动的快乐，使儿童能够勇于发现和提出问题，善于分析和解决问题，促进儿童思考能力的提高；她努力让儿童拥有对数学学习的良好感受和丰富难忘的数学活动体验，让儿童经历刻骨铭心的数学学习过程，创设符合儿童年龄特点的活动，在数学学习中激发儿童的兴趣和自信。儿童只有对数学学习产生兴趣，才能积极主动地参与到学习过程之中，牢固与持久地掌握学到的知识与方法，体验到学习数学的快乐。

“小学数学结构化单元教学丛书”凝聚着吴正宪老师及其团队老师们多年探索的心血和成果，他们正是用这种踏踏实实的实践研究，为一线老师们呈现出体现数学本质和儿童学习规律的课堂生活。我相信，一定会有更多的老师，能够从吴老师的儿童数学教育研究中获益，为更多的儿童提供高质量的数学教育。

（史宁中，东北师范大学原校长、教授，2011版、2022版义务教育数学课程标准及2017版普通高中数学课程标准研制组/修订组组长。）

# 序三：引导我们走近2022版数学新课标

孙晓天

吴正宪老师及其核心团队出版的作品总能吸引我。

就像这套“小学数学结构化单元教学丛书”，既有宏观的理论架构，又有微观的细节雕琢，整体上以理论与实践紧密结合的面貌，系统地反映了吴正宪老师的数学教育思想和教学实践经验。该丛书的组织形式也值得称道。通常，丛书作为一种概括性的汇编类图书，在结构上会比较松散，其中每一本书的内容除需要围绕丛书主题之外，没有必然的逻辑关系，对各自的体例和表述方式等一般也不会做统一要求。而这套书的每一本，既可以单独成书，彼此之间又在内容上密切呼应，在思路上高度统一，在写作风格上相当接近。整套书以吴正宪老师的思想、经验和教学实践为主轴，整体上体现出很强的逻辑性和系统性，也就是丛书名中的“结构化”。

这一点非常重要。

因为这种结构化，可以引导读者沿着吴老师“好吃又有营养”的小学数学教学路径，读出丛书内容与新颁布的2022版课标之间的内在联系，也能从吴正宪数学教育思想“朴素、融合、创新、生本”①的特点出发，读出丛书内容与义务教育数学课程以“三会”（会用数学的眼光观察现实世界，会用数学的思维思考现实世界，会用数学的语言表达现实世界）为代表的核心素养目标之间的直接关联。如果只是

---

① 详见. 孙晓天. 让数学“好吃又有营养”（下）：浅析吴正宪的儿童数学教育思想[ J ]. 小学数学（数学版），2019（12）：9-12.

其中一本，读者有可能会沉浸在吴老师的“教学艺术”之中，而有了“结构化”，就有可能从“艺术欣赏”导向“教学解密”了。

以一个读者的眼光，我认为该丛书从整体出发对吴老师的教学过程进行了系统性解密，而这就是从吴老师的思想和实践出发，引导读者走近2022版课标。

伴随着2022版课标的问世，义务教育数学课程发展开始进入一个与全面建设社会主义现代化国家新征程同步的新阶段，理解和把握新课标正在成为每一个中小学数学教师必需的学习任务。这套书的内容和结构，实际上是系统地展现了一种不那么直白、也不贴标签的新课标解读方式，通过剖析与研讨一个个具体教学案例，一本接一本、层层递进地描摹出小学数学如何从真实情境出发，进行结构化单元教学，一步一步走近核心素养，润物无声地呈现出符合2022版课标要求的教学过程所应有的模样及蕴含的道理。这种建立在结构化基础上，寓课标解读于课堂教学实践之中的方式，事实上是为一线教师学习和使用新课标提供了一种能读得进去、易引发思考、可形成共鸣并产生联想的重要学习资源。如同读者在日常教学中需要引导学生主动学习，引领学生走上“学会学习”之路一样，这种表达形式有助于激发一线教师理解和把握新课标的主动性，为他们以参与、合作、互动的主动学习方式理解和运用新课标提供重要的参考。

需要注意的是，每到学习新课标的时候，读者最先关注的往往是具体教学内容的变化。其实，每个版本的新课标之“新”，都不在于某个具体内容，而在于目标的变化。而目标的变化意味着教学的变化，教学不变，什么都不会变，即使教材写得再精彩、“教参”编得再圆满，恐怕都不行。

举个例子：“万以内数的认识”在2000年之前教学大纲中的提

法是“万以内数的读法和写法”；《义务教育数学课程标准（2011年版）》（简称“2011版课标”）中的提法是“在现实情境中理解万以内数的意义，能认、读、写万以内的数”；2022版课标中的提法是“在实际情境中感悟并理解万以内数的意义”，学业要求仍然是“能认、读、写万以内的数”。

容易看出，“能认、读、写……”的要求，或者说与知识本体相关的目标，几十年来一直没怎么变。而对于如何达成这个“能认、读、写……”的要求一直在变化之中，“现实情境、实际情境、感悟、理解、意义……”，可以说是在不断“加码”。

改革意味着更新，这些不断“加码”的要求，代表着数学课程的发展方向。

问题是，如果置这些“加码”于不顾，就以传统的、直截了当的方式进行教学，学生肯定也能学会“认、读、写万以内的数”。所以，不断“加码”的目标肯定不在于知识本体，而在于这个知识是否与“学会学习”有关，是否以“知识见识”并重的方式得来。所以，由每一版新课标代表的数学课程的更新，都是不断地把以知识技能（“双基”）为目标的数学课程，扭转到以核心素养为目标的方向上来的，因为核心素养是能伴随学生进入成人社会的“持久的能力”，是义务教育课程“基础性”的体现。而培育核心素养，就须臾离不开“现实情境、实际情境、感悟、理解、意义”等，所有的“加码”都是培育核心素养的要求使然。

如果这些“加码”仅仅在标准里露面、在教材里精彩、在“教参”里圆满，而教学不变，它们统统都可能可有可无，甚至成为泡沫。所以，教学不变，什么都不会变。教学的改变决定着推进落实新课标的成色。

这套书就是关于如何走近2022版课标的教学叙事，在一个体现结构化的框架下，每一本都以核心素养的主要表现为目标，通过吴正宪老师在课堂上的现身说法，详尽地给出了小学数学教学为什么要变、应该怎么变、要变成什么样子的系统答案，解密了“实际情境、感悟、理解、意义”等，以及需要在怎样的教学氛围里、在何种教学形式的引导之下，才能把数学知识与核心素养融为一体。

该丛书的出版可说是恰逢其时，对引导广大教师改进教学，推进落实2022版课标，有着难得的借鉴意义和参考价值。

（孙晓天，中央民族大学教授，2001版全日制义务教育数学课程标准研制负责人之一，2022版义务教育数学课程标准修订组核心成员。）

# 写在前面

## 坚守儿童立场，开展结构化单元教学

曾经看到一些年轻老师在听完优秀教师的课后，总有这样的疑问：“为什么在优秀教师的课堂上，学生总能表现出积极的学习状态，爱学、善学、会学，而回到我们自己的课堂，即使按照同样的教案上课，却上不出同样的效果？这些优秀教师有什么样的绝招？这样的课堂教学有什么秘密吗？”

老师们的疑问引发了我的思考……

教学哪有什么秘密？只不过是尊重了规律而已。“尊重学生的认知规律，尊重数学的发展规律”，这就是优秀教师最大的“绝招”，也是教学里最重要的“秘密”。尊重规律，乃基本的教育常识也。

本丛书就是想帮助基层老师撩开这层面纱，解开这个积聚在心中许久的谜团。让我们随着对书页的阅览，一起走进鲜活的课堂生活，静下心来从教育常识的视角重新审视课堂，打开教学这个“黑匣子”，解开教学的“秘密”，探寻教学的“绝招”，感悟儿童数学教育的真谛。

本丛书从始至终的讨论凸显了两个主要观点，即“儿童立场与数学结构化”。

### 观点一：“坚守儿童立场”——好课堂的灵魂

多年前，我曾提出为儿童创设“好吃又有营养”数学教育主张，这正是“坚守儿童立场”的基本主张。它具有双重教育价值的取向，即“有营养”指的是数学教学要有知识含量、思维含量、素养含量，“好吃”指的是数学教学要适切儿童的学习路径、方法。我们要让有意义的数学变得有意思，让有意思的数学变得更富有意义。

教师要站在儿童的立场，以儿童为中心，遵循儿童生命的自然天性，尊重儿童的心理发展规律，培育身心和谐发展的人。儿童是有情感、有个性、有独立人格的完整生命体，我们要敬畏生命，尊重每一个儿童，有教无类是大爱。儿童数学教育尊重儿童的平等人格和参与学习的权利；儿童数学教育期待儿童的成长，赞赏儿童的进步，包容接纳儿童在走向成熟过程中的缺点和错误，愿意为儿童提供完善自己与改进不足的机会；儿童数学教育不过于强调追求考试评价，而是更加关注每个儿童是否获得了愉悦的学习体验和有意义的成长。教师要以爱的情怀和力量引领儿童走进数学世界，让儿童因有缘与“我”相识，让童年的课堂生活涂满爱的底色，充满愉悦与幸福。要以保护儿童的成长利益为出发点，站在儿童的立场设计一切教学活动。

教师要站在儿童的立场，以儿童为中心，遵循儿童的认知规律开展科学的学习活动，培育爱学、善学、会学，拥有学习力的人。儿童有自己的学习节奏、方法和特点，教师要深入了解儿童的心理发展规律和认知发展规律，使数学教育合乎儿童的发展水平和需求，给予儿童适切的引导和启发，因材施教是智慧。儿童数学教育关注儿童的个性成长，发展儿童丰富的想象力，培育儿童的创造力，尽可能使儿童与生俱来的某些潜能得以发展，使儿童内在的发展变为可能。教师以教育的力量和知识的魅力开启儿童多彩的数学世界，让儿童因有缘走进“我”的课堂，燃起兴趣与希望，让课堂生活充满智慧与创造。

### 观点二：“整体把握内容结构化”——好课堂的根基

多年前，我曾提出建好小学数学的“承重墙”，打通知识之间的

“隔断墙”的教育主张。清晰地记得20世纪80年代，我在北京市崇文区教研室主任刘梦湘先生和特级教师马芯兰的指导下，进行了小学数学教学整体改革实验。首先对教材进行了内容结构化的整合，研发出“六条龙”教学法，实现了“少课时、轻负担、高质量”。该项实验得到原中央教育科学研究所、中国科学院心理研究所、北京师范大学、北京市教育委员会等专家的鉴定肯定；同时也获得了一线教师、家长和学生的认可；《光明日报》等刊物进行了报导。那些年我连续发表了有关教改的系列文章，从“教材改革”“教法改革”“学法改革”“考法改革”到“全面育人”，在基础教育领域产生了一定影响。至今回忆起来还感动满满，当初的这项小学数学教学改革也为我今天儿童数学教育思想的形成奠定了重要基础。

小学数学虽然知识简单，但系统庞大、内容丰盈，涉及几百个知识点，需要成百上千节课来完成，很多时候我们习惯了一节一节单打一地平均使用力量，忽视了单元整体视角的系统设计和思考。教学中教师只是按照一个一个知识点去教，儿童按照一个一个知识点去学，这些零散、碎片化的知识点在儿童头脑中无结构、无系统、无逻辑，导致儿童在陌生的新情境下解决问题时，不能很快建立关联，不能准确地提取知识和进行应用，不能实现迁移。

我们认为小学数学知识的系统性强，数学知识之间有着天然的结构，旧知识是新知识的基础，新知识是旧知识的发展，一环扣一环，环环相扣，组成一个互相联系的整体，即“结构”。我们就是要抓住数学本质，沟通知识之间的内在联系，凸显数学内容的系统和结构。美国教育心理学家布鲁纳提出，“每门学科都有它的基本结构，掌握结构是教师的第一要务”，“学习结构就是学习事物是怎样相互联系的”。的确，数学是有联系的，数学是有结构的，数学是有系统的。

繁杂的知识中一定会有一些核心的概念统领，抓住了关键要素，零散的、碎片的数学知识就会自然建立起整体化、系统化、逻辑化的知识结构。

任何新知识的学习都是在原有学习基础上产生的，不受原有认知结构影响的学习几乎是不存在的。弄清知识的前后联系，充分借助儿童已有的知识基础来教学，这种“以旧引新”的教学方式，不但帮助儿童理解了新知，更让儿童体会到知识间的密切联系，为后面形成知识结构奠定基础。

小学数学教学是一项复杂而有意义的培育人的重要工程，需要我们每位教师在常态的教学中潜心探索，努力建好小学数学的“承重墙”，打通知识之间的“隔断墙”，学生掌握了知识的基本结构，以提取出的少量主题，实现深度覆盖，让结构彰显知识间丰富的联系。在这样的学习中，学生才能更长久地保存信息，更深入地理解概念，更有效地解决问题；在这样的学习中，学生才能举一反三，触类旁通，实现迁移，获得发展。

为更好地传播儿童数学教育，我和北京小学数学教师团队对小学数学内容进行了系统整理，对每个主题下的课堂教学重新进行梳理、解读、研究，形成本套书。我们努力通过还原课堂真实的情景，通过多视角、多维度、整体化的全面解析，力争呈现出更丰富的内涵，让读者有身临其境的感受，能更好地理解课堂教学背后的思考。

全套书由24本书组成，分批推出，涵盖了小学数学教学四大领域的24个关键内容，旨在帮助一线教师建立对小学数学教学的整体认知，使内容结构化，帮助学生打通知识概念之间的“隔断墙”，建好核心知识和核心素养的“承重墙”。

如《小数》这本书的主题包括“小数概念”“小数运算”等主

要内容。其中“小数的意义”“小数加减法”“小数除法”等原汁原味的课堂纪实既相对独立，又构成相互联系的整体。透视每一节课，可以看到课课紧密相关、层层递进，每一课新知识既是对之前知识的再应用，又是为日后知识所做的重要储备，让学生的学习“瞻前顾后”、稳步整体前进；构成少量主题、多知识点的深度覆盖，呈现跨越年级的系列单元整体教学的势态；促进教师用联系的、整体的观点看问题，实践教学内容的结构化和用结构化的观点进行单元整体教学。

为使读者有真实的现场感，我们还原真实课堂场景，对全套书进行了整体设计，每本书都主要包括五个部分。

1. 儿童与××（主题名称）。每本书即为一个主题，每个主题都会由儿童在学习中发生的真实故事引入，让读者看到教学过程中可能存在的问题和难点，由儿童的视角思考主题教学的着力点，体现了儿童数学教育的基本观点。

2. 走进吴老师的课堂。呈现一组多节与主题有着重要关联的课堂教学实录，特别是实录中的批注式问题、解析，让读者在阅读时不断思考、追问“为什么”“怎么样”，带着思考和研究走进丛书。

3. 与同伴论课。由我们团队成员与一线教师针对课堂教学实录，讨论课中的“秘密”，通过聚焦话题的各抒己见让教学的镜头变慢、拉长、放大，再通过一个个对教学艺术的解密，让读者体会儿童数学教育的实践策略。

4. 吴老师开讲。在这里让我们回到单元主题，听听执教者的所思所想——单元主题教学是如何关注“儿童立场”，“建立数学结构化”的。

5. 专家说。我们邀请了多位数学领域的专家进行总体点评、指导、提炼、升华。相信在专家的高屋建瓴下，读者一定会收获满满。

在具体阅读每本书时，请先阅读导言“儿童与××”，看看这些真实的故事是不是也反映了您的心声。然后可以“走进吴老师的课堂”，看一遍实录进行初步感受；再看第二遍，重点对照批注标注出的教学设计分析进行阅读，并对提示的问题进行思考，尝试给出自己的回答。继而加入“与同伴论课”，与我们交流您对这些课的感受与困惑，获得支持与共鸣。再去听“吴老师开讲”和“专家说”，使自己有更深入的思考和更高位的提升。最后，可以把您的思考化为实践，哪怕尝试一个做法，并欢迎记录下来您的故事，和我们分享、交流……

这套书历经多年的酝酿、设计、撰写、调整、完善，终于在2022版课标发布之际出版发行。我要感谢一直以来给予我和团队指导的顾明远教授、史宁中教授、孙晓天教授、马云鹏教授……，是专家们的关爱指引使得我们前行的方向更明晰；我要感谢一直以来与我一起学习、实践、研究的北京小学数学教师朋友们，你们为我的课堂教学做了这样精心的整理与分析，感谢你们用真诚的情怀和专业的态度走进我和孩子们的课堂；我要感谢教育科学出版社的大力支持，特别是郑莉编辑的坚守，有了你们，我们这套书才能与大家见面……

由于我们的认识水平和能力有限，书中不妥之处还请批评指正。

北京教育科学研究院　吴正宪

2023年5月1日

# 导言

# 儿童与整除

“数的整除”属“算术”的知识范畴，它是初等数论中的最基本问题之一。整除中的每一个概念都蕴含着概念形成的过程，让儿童了解一些整除的基本概念，了解相关概念之间的紧密联系，很有必要。经历这些概念的形成过程，正是培养儿童逻辑思维和推理意识的有效途径。可是，整除知识比较抽象，离儿童熟悉的生活比较远，有人把“数的整除”这部分内容称为数学中的“文言文”，如同语文“文言文”话语系统中充斥着的“之乎者也”，理解困难，学生读起来生涩难懂。我们不妨思考一下，当以具体形象思维为主的儿童与这些抽象生涩的整除概念相遇时，他们会有哪些真实的反应？会有哪些尴尬或惊喜？我们是任其“知其然，不知其所以然”，还是另辟蹊径，在帮助儿童寻找“柳暗花明又一村”的路途中让他们逐步学会推理、讲理，学会概括、抽象，做一位会讲理的数学学习者？我们如何揭开“数的整除”的神秘面纱，让它走下“神坛”，变得平易近人？我们又如何引领儿童跨过整除学习路上的沟沟坎坎，为后续深入学习和理解“数”铺好路、搭好台？

下面就让我们聚焦儿童在学习中出现的一些真实的问题，一起去引领儿童走进整除，感悟“数的整除”学习的意义，同时总结一些适合儿童的学习方法。

## 教学故事

### 故事一：难道“0.3×4 = 1.2”算式中的0.3和4不是因数?
### ——“此因数非彼因数，此倍数非彼倍数”

在引入“因数与倍数”的课堂上，教师首先了解儿童的已有认知，找到学习的起点。

师：你们听说过因数和倍数吗？能在下面的算式中找到它们吗？（屏幕上出现了一组算式。）

3×4=12

0.3×4=1.2

10÷2=5

1.8÷0.2=9

21÷5=4……1

生1：二年级时我就认识了因数，比如3×4=12，算式中的3和4都是因数。

生2：我认为0.3和4也是因数，因数都在乘法算式里。

师：倍数在哪里？

生3：10÷2=5，10是2的5倍，5倍就叫倍数。

生4：1.8÷0.2=9，1.8是0.2的9倍，9倍就叫倍数。

生5：除法算式里有倍数。

师：（明确指出）在“10÷2=5”的算式中，10是2、5的倍数，2、5是10的因数；在“3×4=12”的算式中，我们就说12是3、4的倍数，3、4是12的因数。

师：（接着做了详细的解释）在“0.3×4=1.2”的算式里，你们说0.3

和 4 都是因数，这是不对的。虽然在乘法算式中它们的名称的确叫因数，但是，它们不是我们今天要认识的因数，此因数非彼因数……

各位老师，这样的教学尴尬您遇到过吗？难道，课堂上老师反复强调“此因数非彼因数，此倍数非彼倍数”就能解开儿童的心结吗？面对儿童对新旧概念的混淆，我们不能视而不见，也不能以一句“在整除的情况下……”简单回应。这不禁引发了我们的再思考：教学中如何引导儿童对“因数、倍数”概念从表示“名称”的认识走向表示“关系”的理解？

## 故事二：“不是老师讲错了，就是书上写错了”
## ——问题到底出在哪里？

在对因数和倍数的辨析中，教师为学生提供了一组除法算式：

12 ÷ 2=6

19 ÷ 7=2……5

9 ÷ 5=1.8

2.8 ÷ 0.4=7

……

在引导儿童比较这组除法算式的异同点后，教师坚定地为学生指出：“像 12 ÷ 2=6，我们就可以说 12 是 2 的倍数，2 是 12 的因数；还可以说 12 是 6 的倍数，6 是 12 的因数。”在学生能够仿照教师的说法说出每个整除算式中的因数与倍数后，教师引导学生齐读教材上的结论：“在整数除法中，如果商是整数而没有余数，我们就说被除数是除数的倍数，除数是被除数的因数。”整个过程教师引导学生观察算式、说算式特点，快速判断哪些算式里有因数、倍数，准确无误，干脆利落，用时 7 分钟，可谓“效率”之高。

在接下来的练习中有这样一个题目："在4×7=28中，有没有因数和倍数关系？"此时，出现了两种不同的声音。有学生说存在因数和倍数关系，也有学生说不存在因数和倍数关系。教师立刻回应："在4×7=28的算式中，4和7分别是28的因数，28是4和7的倍数。"一个小姑娘举起手来："老师，因数和倍数不是要在除法算式里找吗？4×7=28明明是乘法算式，不是除法算式，怎么能有因数和倍数呢？"教师继续解释："因为4×7=28能转化成28÷4=7和28÷7=4，所以它们之间存在因数和倍数关系。"此时的小姑娘仍然是一脸茫然，教师没有太在意她的表情和认知困惑。

下课了，听课的老师悄悄问这个小姑娘："刚才老师的解释你听懂了吗？"这个倔强的小姑娘回了一句："连除法算式都不是，怎么能有因数和倍数？反正不是老师说错了，就是书上写错了。"

是啊，教材中白纸黑字明明白白地写着："在整数除法中，如果商是整数而没有余数，我们就说被除数是除数的倍数，除数是被除数的因数。"问题到底出在哪儿？学生头脑中建立一个新的数学概念真的如此简单吗？因数和倍数概念的本质到底是什么？我们该如何让学习真正发生，使学生透彻理解概念，并为应用概念打下坚实基础？

## 故事三："我想知道为什么会这样！"
## ——知其然，更要知其所以然

师：怎么判断一个数是不是3的倍数呢？

生1：我可以做除法，用这个数除以3，如果没有余数就说明这个数是3的倍数。

生2：我认为不用那么麻烦，只要个位是3、6、9的数就是3的倍数。

生3：我不同意你的看法，比如，13的个位是3，它就不是3的倍数，还是做除法保险。

生4：我学过一个规律，如果一个数各数位上的数加起来的和能被3整除，这个数就是3的倍数。

此刻生4就是课堂里教师遇到的“救星”。“我也知道。”“我听说过。”……生4的发言，似乎引起了一部分学生的羡慕与共鸣。大家都觉得这是个好方法，能简单、快捷地判断，省去了烦琐的计算。

生5：（一个低低的声音在角落响起）我们学过2和5倍数的特征，只看个位上的数就可以判断。可是，判断一个数是不是3的倍数时，为什么不能只看个位上的数呢？

生6：（另外一种声音响起）其实会判断就可以了，记住判断的方法就行了。

……

老师们，这样的场景在你的课堂上发生过吗？怎样让儿童更好地理解3的倍数特征背后的道理呢？探寻3的倍数特征与探寻2、5的倍数特征在方法上有什么共通之处呢？引导学生探究“3的倍数特征的道理”有益于他们哪些核心素养的提升？

## 故事四：“最多”与“最少”
### ——这样解决问题的“妙招儿”可行吗？

在学习公因数和公倍数后，有这样一道题目：“五年级（1）班的同学参加队列表演，男生有16人，女生有24人，把男生和女生分成若干小组，每组男生人数和女生人数相等，每组最多有多少人？”

讨论开始了：

生1：我看不懂，没有找到解决这个问题的方法。

生2：解决这个问题会不会跟公因数或公倍数有关系呢？

生 3：我刚才试了一下，我认为要是求最小公倍数，是 48 人，这样人数就多了，不符合题意。所以它是求最大公因数，等于 8。

生 4：其实我有个妙招儿，当你拿不准是求最大公因数还是求最小公倍数的时候，可以寻找题目里的“关键词”。如果看到“最大”“最多”等词，一般是求最大公因数，如果见到“至少”“最少”这样的词，一般是求最小公倍数。

生 5：这个妙招儿可真有用！

老师们，你们认为学生的“妙招儿”可行吗？面对类似的实际问题，很多学生往往无从下手，怎样才能把整除知识更好地与实际应用进行联结呢？在教学“因数和倍数”一课时，您对于解决这样的问题是否提前有所铺垫呢？

### 故事五：一张“联络图”把凌乱的数变成了“一家人”
### ——片面且真实的“盲人摸象”

儿童的天性是好学的，更是单纯的。在“因数和倍数”这一单元的学习中，对于非 0 的自然数，根据不同的分类标准，学生认识了奇数和偶数、质数和合数；在原有乘、除法概念的基础上，又认识了因数和倍数。学生在学习过程中体验着数的神奇与美妙，对这些单一的数概念形成了清晰的认识，内心充满了喜悦。随着“2”是偶数也是最小的质数、“3”是奇数也是质数等概念的出现，有的学生开始着急了，含糊与纠结时时伴随着他们。我们可以看到这样的教学场景。

师：下面这些数中哪些是质数？哪些是合数？

2、5、9、11、24、45、51、60

生 1：2、5、11、51 是质数，9、24、45、60 是合数。

生：老师，他说错了，51 不是质数，是合数。

生 1：51 是奇数，不是合数。

生：9、45 不也是奇数吗？

生 1：（很困惑）9，三三得九；45，五九四十五；51……

生：3 和 17 的乘积就是 51。

生 1：（依然困惑）3 和 17 也是奇数啊！

……

51是奇数，学生确信不疑；51是奇数也是合数，学生就感到困惑了。问题出在哪里呢？奇数、偶数、质数与合数之间是有关联的，但是学生对这些数的认识是单一的、零散的，学生对于数与数的关联性的理解还不够深入，不够系统，就像盲人摸象那样，摸到象身就认为大象是一面平平的墙，摸到象腿就认为大象是一根坚实的柱子。盲人对大象的这些认识都是真实的，但这些真实的认识恰恰又是片面的，不全面、不完整的。

怎样引导学生把这些凌乱的数变成有关系的“一家人”呢？老师们一定想到了可视化的知识网络图。的确，网络图可以把知识“串点成线，织线成网”，可以帮助学生形成系统的认知结构。在实际教学中，教师如何帮助学生构建起知识网络图？怎样才能让学生真正体验到网络图在学习中的价值呢？

## 关于“数的整除”

“数的整除”这部分内容属于“初等数论”的范畴，不仅具有理论价值，其方法和结果在实际生活中尤其是科技发展中也有着广泛的应用。这部分内容是从“关系”视角研究数，引导学生进一步形成对“方法”的结构化认识；其核心思想是分类和数学推理。尤其是学生在学习过程中表现出来的对数学内部原理探索的兴趣、对规律的猜测与证明等，将为学生创新思维和理性精神发展提供良好时机，也是学生可持续发展的基石。

“数的整除”单元教学要凸显核心概念的“承重墙”地位。教学首先要抓住因数、倍数、奇数、偶数、质数、合数等概念的本质特征，在儿童思维发展的关键节点上添砖加瓦，建好这面“承重墙”。同时也要做好各个概念之间的连通，善于沟通概念之间的联系，打通阻碍儿童思维发展的“隔断墙”，而这些“隔断墙”常常是一些老师人为建起来的。数学概念之间本是密切联系的，如果不能把握住概念之间的联系，“你是你，我是我”，每个概念都是孤立的，自成“屏障”，就会人为制造“隔断墙”。中医有句话“通则不痛，痛则不通”，同样在教学中也存在着这样的现象——“教师通了则学生可能不痛，教师不通则学生有可能很痛”。因此要想学生“不痛”，教师必须关注知识之间的联系，整体把握教材，使每个概念都不是孤立存在的。联系建立起来了，“隔断墙”打通了，就可以在靶向明确的前提下，让学生形成对概念的系统化、结构化、整体化认识。

“数的整除”单元教学还要凸显从“关系”的视角研究数，从不同的数之间的关系和数自身特征的角度来认识数。“数的整除”单元以概念的抽象和概念的零散分布为显著特点，要想让学生对这部分知识有深入的理解，就要抓住事物的主要矛盾，牵住这些概念的牛鼻子，凸显“除法”概念的核心地位，将其作为这个单元教学的“承重墙”，其他概念从它衍生出来，形成脉络清晰的枝与干之间的关系。

“数的整除”单元教学更要关注儿童的学习感受和实际基础。要突破数的整除内容在儿童认知中的局限性，让儿童逐渐适应、接受、运用并真正体会数的整除的学习价值，让儿童带着经验、冲突、好奇和探索的欲望走进“数的整除”。

基于以上分析，我们编写了这本关于数的整除教学的书。从这本书中，我们不但可以通过课堂纪实真实地看到吴正宪老师及其团队是如何教学整除概念、促进儿童思维和情感发展的，更可以多角度、多层次理解吴老师这些做法背后的理念、逻辑和步骤，进一步理解什么是“好吃又有营养”的儿童数学教育，力求让“不可学”的吴老师变得“有法可学”。

## 关于本书

本书将基于教学中的实际问题，从四个维度展开讨论。

**第一板块——“走进吴老师的课堂”。**这里以生动、翔实的课堂教学片段呈现了吴老师执教的三节课：“因数和倍数”“3 的倍数特征”“数的整除复习”。其中，“因数和倍数”一课引领儿童从除法的概念出发，通过对算式的分类、比较、辨析，归纳出因数和倍数概念的定义，特别是从关系的角度理解二者相互依存的关系；“3 的倍数特征”一课借助直观化的学具，带领儿童经历猜想、验证、抽象的学习过程，培养儿童的推理意识，在研究数的分解与组成中促使儿童的思考更加深入；“数的整除复习”一课借助一个开放性的问题情境，让儿童经历自主建构知识网络图的过程，把归纳整理的主动权还给儿童，发挥了儿童的创造性。通过对每节课的关键环节进行即时分析，在思维对接的交流中提出教师在教学中最为关注的问题、儿童在学习中最为困惑的问题，促进老师对困惑成因及吴老师教学行为的思考。这些问题都将在其他三个板块中给出全面、具体、深度的回应。

**第二板块——“与同伴论课”。**这个板块为老师们提供了一个集思广益、交流研讨的空间。参与讨论的教师均来自教学一线，他们在“数的整除”教学中有着真实、深刻的体验，所以讨论起吴老师的课来具有现实性、真实性。每位教师结合“因数和倍数”“3的倍数特征”“数的整除复习”的教学，对吴老师“好吃又有营养”的数学教学进行多元的解读。一个个鲜活的教学片段，诠释了吴老师的儿童数学教育观。一个个发生在课堂内外的小故事，让我们对吴老师的儿童数学教育有更丰富的体验。

**第三板块——“吴老师开讲”。**“数的整除”单元的概念是抽象的，儿童的学习是具体的；数学追求的是严谨，儿童需求的是有趣。如何处理好这些矛盾冲突，进而把“生涩的概念烹调成好吃又有营养的美食”？

“吴老师开讲”这个板块将会从“建立单元整体结构，让数学学习有‘根’”“数学与儿童对接，让数学学习入心”“深谙学生认知动向，让数学教学得法”“我的期待”四个维度和老师们叙说“整除单元教学那些事”。

**第四板块——“专家说”。**这里汇集了数学教育专家对吴老师儿童数学教育理论和儿童数学课堂的观点阐述。专家就“因数和倍数”一课对吴老师的课进行了评述，提出了把握儿童数学学习的实质，把握数学学科的本质，引领学生在“逼近数学本质”的体验中丰富他们的数学思想、情感、价值观的数学教育观。

# 一

# 因数和倍数

走进吴老师的课堂

# 架起新旧知识的“桥梁”

——“因数和倍数”课堂教学片段

“因数和倍数”一课是单元起始课，更是“数的整除”中的重要内容，它是在学生学习了整数的认识以及整数、小数四则运算的基础上展开教学的，为后面认识质数与合数、公因数、公倍数等概念，学习分数的通分、约分奠定基础。

“数的整除”中的“因数”“倍数”的概念，与学生此前在乘、除法中学到的“因数”“倍数”有着紧密的关联，但又有着本质的区别，因此在教学中应当从学生原有认知经验出发，引导学生在辨析、比较中逐步理解因数和倍数“相互依存的关系”，从而探寻概念的本质。

让我们看一看吴老师是如何带领学生经历概念形成的过程，如何积累基本的数学活动经验，如何在教学中搭建新旧知识的“桥梁”的。

## 镜头一：在交流与碰撞中展现学生的原有认知

吴老师开门见山地引入课题，唤起学生心中对因数和倍数概念的理解："因数"即乘法算式中的一种名称；"倍数"是除法中的"几倍数"，或者是"几倍"。这充分暴露学生对因数、倍数的原有认知停留在"因数×因数=积"这个层面上。吴老师的一句"今天这节课……，我们会给因数和倍数怎样的约定呢？"，使学生感觉到今天探讨的因数和倍数似乎和他们以前认识的因数和倍数有所不同。

师：今天这节课我们聊这样一个话题（**板书：因数和倍数**）。此时此刻在你们心目中因数和倍数是什么样的？举个例子说说什么是因数，什么是倍数。

生1：乘法里有因数，比如说2×3=6，2和3都是因数。

师：你举的例子真好！我们把它记录在黑板上，关于2和3就有故事，比如一支笔卖2元，买3支，就用

吴老师为什么让学生来举例说明他们对因数和倍数的理解？

2×3=6 表示。又比如一支笔卖 0.2 元，买 3 支笔，该怎么列算式？

生 1：算式是 0.2×3=0.6。

师：你们认为这里面谁是因数呢？

生 1：0.2 和 3 都是因数。

师：我听懂了，你们认为在乘法算式里乘号前面的数和后面的数都是因数。那么倍数去哪里找？

生 2：倍数就是乘法算式中的积，比如 2×3=6，6 就是 2 的 3 倍，6 就是一个倍数。

生 3：我觉得把乘法变成除法，更容易找到倍数。

师：你也举个例子，可以换一个例子。

生 3：比如 2×4=8，变成除法就是 8÷2=4，8 就是倍数。

生 4：我认为 4 是倍数。

师：又有不同的声音了，你的意思是 8÷2=4，4 就是倍数？不急，8 元钱真的是 2 元钱的 4 倍，8 角钱也是 2 角钱的 4 倍，这里面有倍数吗？也就是 0.8÷0.2=4，这里面有倍数吗？

生：4 倍。

师：我听懂了，你们的意思是，在

？

寻找“因数”和“倍数”为什么要引导学生一会儿谈乘法，一会儿又说除法？难道吴老师不怕人为制造因数、倍数概念的“混淆”吗？

乘法算式“2×3=6”“0.2× 3=0.6”里，2、0.2和3都是因数。除法算式里更容易找到倍数，比如8÷2=4，有人认为8是倍数，还有人认为4是倍数。总之，你们的意思是要到乘法里去找因数，倍数则要到除法里去找。这是你们现在的认识，那么今天这节课我和你们一起讨论这个话题：到底什么是因数？什么是倍数？我们会给因数和倍数怎样的约定呢？

正是因为“此因数非彼因数，此倍数非彼倍数”，所以上课伊始，吴老师调动学生对因数和倍数的原有认知，引出乘法的、除法的、整数的、小数的不同算式，为接下来引发学生认知冲突，比较、辨析算式，揭示“因数”和“倍数”的概念本质做好铺垫。

## 镜头二：在操作与分类中初步感知因数和倍数

在这个环节，吴老师依据学生的最近发展区，设置“把12个人分成若干个小组”的问题情境，利用摆磁扣这一直观手段，引导学生把分的过程用算式表达出来，进而建立新旧知识之间的联系；利用分类的方法引导学生重新审视因数和倍数，通过不断整理、辨析、比较和讨论，逐步帮助学生清晰因数和倍数的概念。

师：如果有12个人要分成若干个

小组，要求每个组的人数相等，可以把分的过程用磁扣摆一摆，谁来试试？如果碰到分不完的情况也没关系，可以提出来。请一名学生到前面分，其他同学把他分的过程用算式表达出来。

生1：（边摆磁扣边说）可以把12个人分成2个小组，每组有6个人。

师：可以用哪些算式表达？

生1：2×6=12，12÷2=6，12÷6=2。

师：真好，我们一口气写了一个乘法算式、两个除法算式，三个算式都能表示每组2个人，有6组。还可以怎样分组？怎样列式？

（学生第二次分：把12个人分成4个小组，每组3人。）

生：列式是3×4=12，12÷4=3，12÷3=4。

（学生第三次分：把12个人分成12个小组，每组1人。）

生：列式是1×12=12，12÷1=12，12÷12=1。

师：像这样每摆出一种情况，你们就列出了一个乘法算式和两个除法算式。我想这样分（把磁扣分成了5、5、

？每种分组方法用一个算式足以表达其意义，吴老师为什么要引入一个乘法算式和两个除法算式呢？

2 三份），你们看看可以吗？

生 2：（在犹豫中回答）不可以……

生 3：可以，每组人数同样多，都是 5 个。

（教师微笑着点点头。）

师：假如这样分，5 个人一组，怎样表达呢？

生：12 个人分成两组，每组 5 人，还剩 2 人，算式是 12÷5=2……2。

（教师移走了 12 个磁扣，指着黑板上这些算式问学生有什么感觉，学生都说有点乱。）

师：现在黑板上出现了一堆乱糟糟的算式。如果想细致地研究它们，我们该怎么办呢？

生：分类。

师：（赞扬）对！分类是一种研究问题的重要的方法！只要有标准，我们就可以进行分类。你打算怎么归类？

生 4：我想把乘法分一类，除法分一类。

师：很好，按照运算意义的不同进行分类。还打算怎么分类？

生 5：我想把有小数的算式分成一类，把没有小数的算式分成一类。

为什么要出现一个有余数的除法算式呢？

分类是根据数学本质属性的异同点，将研究对象分为不同种类的方法。比较是分类的前提，分类是比较的结果。在整个探究过程中，吴老师引导着学生们经历了一次根据标准对算式进行分类的过程，为学生渗透了分类讨论思想。

当学生第一眼看到吴老师把算式分为两类时，他们会想些什么呢？

学生的分类方法与吴老师的分类方法有着明显的不同，“观察老师给算式的分类就能说清因数与倍数的概念吗？”这一认知冲突在学生头脑中产生了。

厘清因数、倍数的概念需要考虑的因素太多了，接下来吴老师会如何引领学生逐层揭示概念的本质呢？

生6：我想把乘法和除法分在一起，把 12 ÷ 5=2……2 单独分成一类。

师：你们都用不同的标准对算式进行了不同的分类。老师也有老师的标准，今天我们研究因数和倍数，我把这些算式分成两大类。（动手画了两个圈）你们看看吴老师的分类可以吗？（见下图）

12 ÷ 3=4，12 ÷ 4=3，3 × 4=12
12 ÷ 2=6，12 ÷ 6=2，6 × 2=12
12 ÷ 12=1，12 ÷ 1=12，1 × 12=12
2 × 3=6，8 ÷ 2=4

12 ÷ 5=2……2　0.8 ÷ 0.2=4
0.2 × 3=0.6

（学生观察两组算式，有人若有所思，有人充满疑惑，有人面露迷茫……）

师：（面露微笑地等待了片刻）同学们，第一个圈里的算式就存在着因数和倍数的关系。

师：我来举例说明。当算式表示成 12 ÷ 2=6 时，我们可以说 12 是 6 的倍数，6 是 12 的因数；当然也可以说 12 是 2 的倍数，2 是 12 的因数。最初你们认为，“乘法算式里乘号前面的数和后面的数都是因数”，现在因数又跳进了除法中。我再举个例子：3×4=12，这时候我可以说 3 和 4 是 12 的因数，反过来 12 是 3 的倍数，12 也是 4 的倍数，现在倍数又跳进了乘法里，是不是和你们先前的经验有点不大一样了？

但是今天我告诉你们，“0.2×3=6”算式里不存在因数和倍数的关系；在“0.8÷0.2=4”算式中，0.8 是 0.2 的 4 倍，但是它们也不存在今天的因数和倍数关系；“12÷5=2……2”中也不存在因数和倍数的关系。我是按照什么分类的？

生：有无因数和倍数的关系。

师：接下来的研究任务给你们了，今天我们要给因数和倍数新的约定，你们要总结概括：在什么情况下才能说你是它的因数，它是你的倍数呢？希望每个同学先独立思考，然后小组商量商量。

（学生们开始了热烈讨论……）

### 镜头三：在讨论中深化因数和倍数的概念本质

吴老师使学生体会到抽象的概念就隐藏在一些熟悉的算式中，明确探究范围，提出一个核心问题。吴老师带领学生在辩论中不断完善因数和倍数的概念，真理越辩越明晰，学生在师生对话、生生对话中感受着数学的魅力，建立知识之间的联系，发展抽象能力、推理意识。

师：发言的时候要充分提出不同的意见。总结过程中我们互相提问，看看谁能把倍数和因数真正的意义表达出来。不求全，一点吴老师是怎样培养学生的抽象能力的?

在吴老师的课堂上常常出现学生间激烈讨论的画面，吴老师是如何做到的呢?

点来。

（教师请第一组学生代表上台发言。）

生1：乘法里乘号前面和后面的数是因数，等号后面的数是倍数。

师：这是你们组的意见，只有在乘法里有因数和倍数吗?（其他学生不同意。）谁能给她提问题?你想问她什么?

生2：难道因数和倍数就只在乘法里有吗?除法里也有，比如：12÷2=6，除号后面的2是因数，等号后面的6也是因数。

生1：（承认）因数和倍数应该在除法里也有。

师：（表扬生2）厉害了，孩子!那么该怎样说因数和倍数呢?

生3：在乘法里，乘号前面和后面的数是因数，等号后面的数是倍数；在除法里，除号后面和等号后面的数是因数，除号前面的数是倍数。

师：（问大家）他这样总结行不行?

生2：这样总结也不行，0.8÷0.2=4，这里有因数和倍数吗?

生3：（立刻表示同意）0.8÷ 0.2=4里没有因数和倍数。

师：问题出在哪儿呢？

生4：我们小组讨论的是，如果乘、除法里出现小数，就没有因数和倍数的关系。

师：你们换了个角度，说出了什么不是因数，什么不是倍数。如果数里面有小数，就没有倍数关系。

生4：对！如果这些数中有小数就不行。

师：越来逼近本质了，你们的意思是，要想知道是否存在因数、倍数关系就必须是什么数？

生：（齐答）整数。

师：学习就是在错错对对的讨论中进行的。第一个条件出来了，必须是整数，和我们过去说的不一样了，老经验遇到了新问题。所以我们说在乘、除法中的数必须是整数才有因数和倍数。

（教师把手慢慢地指向了黑板上的算式12÷5=2……2。）

师：同学们有问题吗？

生5：你们看12÷5=2……2，这里的12、5和2都是整数，也在除法里，

吴老师是怎么利用资源，抽丝剥茧逐步带领学生深入思考符合整除的重要条件的？

在整个对比、辨析、说明的环节中，教师就是一个组织者、引导者，也是学生真实的合作者。在吴老师穿针引线式的追问下，学生自觉地形成了学习共同体，在宽松愉悦的氛围中大胆质疑，发表自己的见解，培养了批判性思维，在不断探寻同类算式共同点的过程中逐渐认清因数与倍数概念的本质，发展了抽象能力。

请问12是5的倍数吗？ 5是12的因数吗？

生：不是。

师：是整数也不行吗？ 12不正好是5的2.4倍吗？

生：2.4不是整数。

师：12和5都是整数，看来你们又要补充第二个条件了。

生5：结果不能有余数。

生6：商必须是整倍数，2.4倍不是整倍数。

师：补充了第二个条件——必须是整倍数，没有余数。谁能总结两个数要是因数和倍数关系，条件是什么？

生7：第一，这两个数都得是整数，不包括小数；第二，结果没有余数。

生8：我补充一条，加、减法不行，必须在乘、除法中才行。

（教师让学生在黑板上写下“乘、除法”、“整数”和“整倍数”三个关键词。关于因数、倍数的“限制条件”，学生从“两个数都要是整数，在乘、除法里出现，而且没有余数”慢慢地凝练成“两个整数只有存在着整倍数的关系，它们才有倍数和因数的关系”。）

师：总结得真不错！那我们再来举些例子吧。

生1：36÷6=6，36是6的倍数，6是36的因数。

生3：24÷8=3，24是8和3的倍数，8和3是24的因数。

师：掌声送给他们！他们俩（生1和生3）今天立功了。虽然开始错了，但不急，我们错着错着就……（生齐答“对了”），聊着聊着就……（生齐答“会了”），问着问着就……（生齐答“明白了”）。这就是探讨数学问题。

师：我们回过头看看上课之前我们的算式2×3=6，有没有因数和倍数的关系？

生：（齐答）有！

师：0.2×3=0.6里有没有倍数和因数关系？

生1：（肯定地说）没有！虽然在乘法里它的名字是因数，但是这个因数和我们今天学的不大一样，只是名称相同而已。

师：多会学习呀！那0.8÷0.2=4

吴老师先选生1和生3举例子，是课堂巧合还是故意为之？从中你能体会出哪些吴老师的教育智慧呢？

吴老师为什么再次引导讨论带有小数的算式呢？

在这个环节中吴老师是怎样帮助学生完善对因数、倍数概念的理解的？

是整4倍，可以吗？

生：不可以。虽然它们是整倍数，正好4倍，却是两个小数相除，我们研究的前提是整数。

师：你们认定了2×3=6、12÷3=4中存在着因数和倍数的关系，还能举例吗？

生9：6×5=30，30就是5的倍数，5就是30的因数。

生10：49÷7=7，7是49的因数，49是7的倍数。

师：你们是从不同角度说的，那我也说一个“6是倍数”，同意吗？

生：不同意，6是谁的倍数？

师：6是2和3的倍数，可以吗？

生：可以。

师：可以说3是因数吗？

生：不可以！得说3是谁的因数，比如3是6的因数。

师：（总结）因此一说因数和倍数，就是一组的。

（教师俯身问身边一个男孩叫什么名字。）

生11：魏来。

师：这个名字真好，那如果我说

魏来是哥哥？同意吗？

生：谁的哥哥？

师：对，得说魏来是弟弟妹妹的哥哥，弟弟妹妹的哥哥是魏来。所以，这时候的概念是你连着我，我连着你，一对一对地说的（边说边和魏来同学挽起了胳膊，连在一起）。

回顾课前提出的算式、请学生举例说出因数倍数、判断吴老师对因数倍数的说法，这些既检验了学生对概念本质的把握，又引导学生学会“说理”。

## 镜头四：在寻找联系中拓展学生对问题的认识

开展寻找36的因数和倍数的活动，学生结合已有认知逐渐揭示答案，吴老师引导学生有序思考，指导书写方式，引导学生探究出一个数的因数和倍数的数量、特点，沟通因数和倍数间的联系。

师：咱们一起来找找36的因数和倍数，先找因数，写在作业纸上。

师：我们一起来看一看同学们找的因数。（展示学生作品。）

生1：6、3、2、1，我找了4个。

生2：6、4、9，我找了3个。

生3：6、4、9、1、36，我找到

了 5 个。

（其他学生陆续汇报：“我找了 8 个因数。”“我找了 9 个因数。”“我找了 10 个因数。”）

师：36 的因数，有人找的多，有人找的少，不着急，我们先看看 1 号作品。（见下图）这个同学怎么就找全了呢？他有什么经验吗？

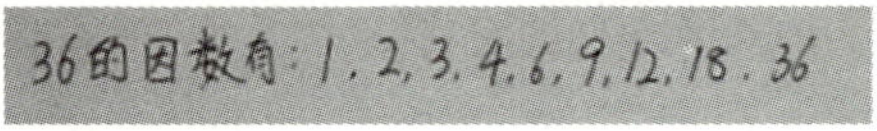
36的因数有:1,2,3,4,6,9,12,18,36

生 4：我发现她是按照顺序写的，所以找全了。我没有按照顺序找，找着找着就迷糊了，就没找全……

师：真会反思！再看看另一位同学的作品，你看出了什么？（见下图）

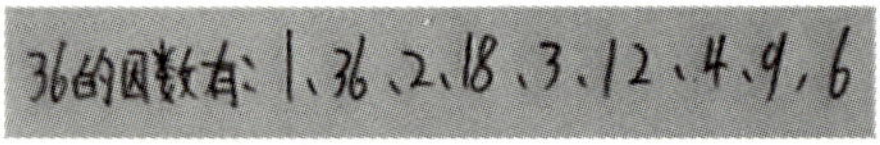
36的因数有：1、36、2、18、3、12、4、9、6

生 5：第一位同学是按照顺序找的，第二位同学是成对找的。

师：一上来就找 36 的因数挺有挑战的，现在你有什么好方法？

生 6：按顺序、一对一对地找。

生 7：前边写 1，后边写 36；1 后边再写 2，36 前边写 18……

师：我懂你的意思了。这些数有的在前边，有的在后边，我就这样画一条直线，在最前边先点个点表示 1，用一个磁扣代表；最后面这个点表示 36。（见下图）

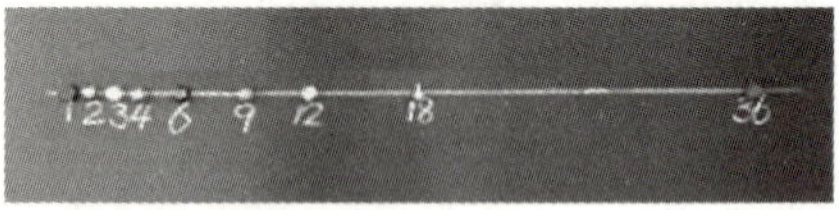


师：1 和 36 找完了，该找 2 和 18 了。谁来试试，并贴上同样颜色的磁扣？

（学生在数线上表示出 36 的因数。）

师：刚才这位同学在数线上找因数的时候，你们发现什么了？

生：这些因数贴得越来越近。

（此时教师拿起粉笔连线，见下图。）

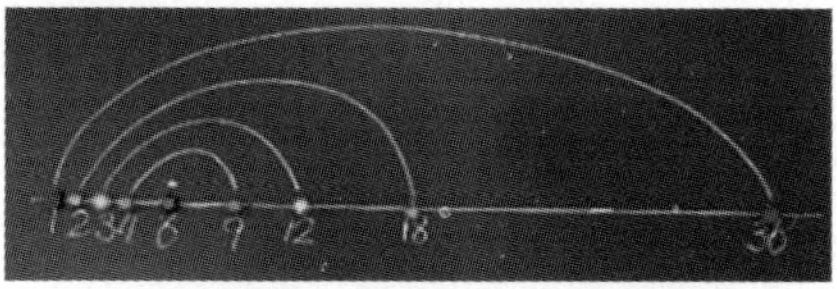

师：那你们说说 36 的因数的个数一共有几个。

生：（齐答）9 个因数，找全了。

师：咱们现在开始找 36 的倍数。36 的 1 倍在哪儿？

（学生找到 36，贴上磁扣。一名学生继续找 36 的 2 倍，然后贴磁扣，其他学生数 36 的 3 倍、4 倍、5 倍、6 倍、7 倍、8 倍、9 倍……。贴磁扣的学生说："黑板不够用了，没办法贴了。"）

师：是啊，现在没办法继续贴了，要是从墙这头穿过去还能不能继续找到更多的 36 的倍数？

生：（异口同声）能。

师：（追问）穿过你们学校还有没有？

生：有。

师：穿过你们所在的区还有没有？

生：还有。

吴老师引导学生把 36 的因数和倍数放入数线中表示，是出于怎样的考虑？学生达到了怎样的学习效果呢？

36这个数比较大，而且它的因数众多，所以寻找36的因数和倍数对学生来说具有一定的挑战性，但学生又有自己的方法，解决这个问题更能激发学生的全心投入。通过反馈、比较学生列出的36的因数的多种答案，更能把有序思考的方法落实到学生的头脑之中。借助“摆磁扣”活动把抽象的概念与形象的数线模型相结合，让学生体会磁扣在数线上的摆放位置，从而探究、发现、理解一个数的因数和倍数的特点，诠释了概念建立的全过程。

师：那是否继续找？

生：不找了，因为它的倍数是无限的。

师：在这个数线模型当中，你们看到了什么，又想到了什么？

生8：我看到了36全部的9个因数，我想因数的个数是有限的。

师：在数线上看到这些因数越来越接近，能数清楚，在一个封闭图形里它的个数是有限的。（见下图）

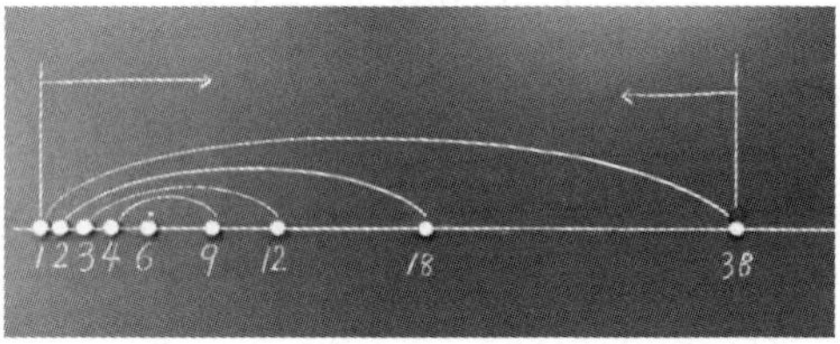


师：所以我们研究它才有意义（板书：有限）。研究倍数的时候我们又发现了什么？

生9：倍数的个数是无限的。

师：真是会思考！（板书：无限。）

生10：我还发现36的头上有两个“点”，36既是自己的倍数又是自己的因数。

师：真是好眼力！（板书：既、又）继续观察，在这些因数里还发现了什么？

生 11：在 36 的这些因数当中，1 是最小的因数，36 是最大的因数。（教师板书：最小、最大。）

师："数"这个大王国真是太丰富了，一个 36 你们就想到了这么多，以后还能不能发现其他什么呢？今天这节课就上到这里。

## 与同伴论课

**主持人：** 周老师（30 年教龄，正高级教师）

**参与者：** 王老师（20 年教龄，骨干教师）

杜老师（10 年教龄）

刘老师（6 年教龄）

【主持人】“因数和倍数”一课是“因数和倍数”单元的起始课，准确把握概念对学生后继学习有着至关重要的作用。但在实际的学习过程中，看似简单的概念学生却出现了不同的理解障碍，导致部分学生后续的学习受阻。今天我们就一起分析“因数和倍数”这节课，看看吴老师是如何深刻理解教材，结合学生认知进行巧妙设计的；如何开展课堂对话，逐步抽象概念促进学生思维进阶的；如何利用多种形式促进学生对概念的理解，从而发展学生学科核心素养的。下面让我们走进吴老师的课堂，去思考，去讨论。

### 话题一：读懂教材整体把握，抓住关联巧妙设计

#### 梳理教材的纵向联系

【主持人】我们都知道读懂教材、理解教材是开展课堂教学的基础，教师除了要深刻理解每一章、每一节教材内容，更要对教材有系

统分析、整体把握。当吴老师由一名语文教师转为数学教师的时候，她利用一个暑假的时间对小学阶段的 12 册教材进行了通读，把教材中的习题都做了一遍，了解了小学数学的知识体系，分析出知识间的联系，心中形成了“知识树”，这一切都为吴老师了解学生的学习路径奠定了基础。仔细分析吴老师的“因数和倍数”这节课，大家能感受到吴老师整体把握教材的意识吗？

【刘老师】吴老师常说，只有在读懂教材、读懂学生的基础上，教师才可能选择更适合的方式开展教学。课堂伊始，吴老师与学生们聊天，让学生们举例说说什么是因数和倍数。正是因为吴老师有强烈的教材研究意识，树立了“联系”的观点，整体把握教材，才设计出了这样的教学环节。

“因数”和“倍数”这两个词学生在早前学习了“乘法的初步认识”和“倍的认识”之后就常说、常用，但是今天要研究的“因数”和“倍数”的概念与学生此前的理解不同，又有一定联系，非常容易混淆。“此因数、倍数”与“彼因数、倍数”的联系是名称上相同，但今天研究的“因数”和“倍数”是建立在数的整除基础上的，是一个数与另一个数互相依存的关系，它们不是单独存在的，所以我们在说因数与倍数时一定要说明哪个数是哪个数的因数或倍数，而不能独立说成某数是因数或倍数。

【王老师】同意你的想法，我们不妨梳理一下“此因数、倍数”与“彼因数、倍数”的区别。此前的因数是学生在二年级学习“乘法的初步认识”时所理解的乘法算式中两个数的“名称”：即在同一乘法算式中，乘号两边的数叫因数，这是相对于“积”而言的。随着他们对小数、分数的不断学习，学生认识到此时的因数可以是整数，也可以是小数、分数。学生在三年级时学习了“倍的认识”，“倍”是数学中比较两个数量的一种方法。比如 8÷2=4， 0.8÷0.2=4，学生用“倍”表述时可以说：8 是 2 的 4 倍，0.8 是 0.2 的 4 倍，在学生心中，这里的 4 倍就是“倍数”。

但本单元的“因数”是相对于“倍数”而言的，是在整除的基础上出现的，所以因数和倍数都只能是整数，只能说 8 是 2 的倍数，或者 2 是 8 的因数；而不能说 0.8 是 0.2 的倍数，或者 0.2 是 0.8 的因数。

【杜老师】作为一名教师，只有通览教材才能“心中有数”，全面了解知识体系，明确所教的知识从哪里来、到哪里去，确定好教学的起点和方向。面对旧名字要赋予新含义，吴老师肯定在思考：怎样引导学生辨析“此因数、倍数”与“彼因数、倍数”的联系和区别？学生心中的因数和倍数好像更多地建立在乘法中，怎样和除法算式沟通？从这样的环节设计中我看出吴老师正是基于对教材的理解，才把挖掘学生原有的认知作为教学的起点，越是容易混淆的内容吴老师越是花大力气引导学生进行辨析，绝不回避。

## 对比教材的横向联系

【主持人】说得好！只有整体把握教材、分析知识间的联系与区别、找准学生的认知起点，才能开启有效教学的第一步。课堂上，吴老师帮助学生把诸多的小数、整数的乘、除法算式呈现出来，又是有着怎样的思考呢？

【王老师】我认为吴老师对本课教材的内容做了深刻思考，参看了不同版本的教材，通过对比找到了联系与区别，做到了灵活运用。我们不妨将吴老师这一课的问题情境与人教版教材和北京版教材的呈现做一下对比。

人教版教材为学生呈现了九个除法算式：含有整数的、含有小数的和含有余数的，算式类型比较全面。教师教学时可直接切入主题：对算式进行分类，观察、对比、归纳出“整除”算式的共同特征，便于抽取出“因数”和“倍数”的概念。（见下图）

### 1. 因 数 和 倍 数

**1** **在前面的学习中，我们见过下面的算式。**

| | | |
|---|---|---|
| 12÷2=6 | 8÷3=2……2 | 30÷6=5 |
| 19÷7=2……5 | 9÷5=1.8 | 26÷8=3.25 |
| 20÷10=2……5 | 21÷21=1 | 63÷9=7 |

**你能把这些算式分类吗？**

北京版教材为我们创设了“摆数字卡片，列除法算式”的问题情境，使学生在活动中抽象出许多整数除法算式，意图明显：因数和倍数的概念是建立在整数除法基础上的。学生在活动后获取除法算式，这一活动确实能有效调动学生进一步观察这些算式的兴趣。（见下图）

### 1. 因数和倍数

| | | | | | |
|---|---|---|---|---|---|
| 1 | 2 | 3 | 4 | 5 | 6 |
| 7 | 8 | 12 | 15 | 21 | 24 |

用上面的写有数的卡片组成除法算式，使算式的商为整数且余数是0。

观察两个版本的教材，可以发现它们有一个共同点：为学生呈现的都是除法算式。这样确实符合“因数”和“倍数”概念的特征——“在整数除法中，如果商是整数而没有余数，我们就说被除数是除数的倍数，除数是被除数的因数”，强调了因数和倍数是在整除的基础上产生的。

但是，乘、除法本身存在互逆关系，而且在后继的学习和应用中，学生常常要用到乘法去解决因数、倍数的问题，考虑到这一点，吴老师大胆地改编了教材，创设“给 12 个人分组”的情境，把乘法算式和除法算式一同呈现给学生，自然地实现了乘、除法的相互转换，进而引导学生在比较、辨析中去抓住概念的本质特征，带领学生经历了去伪存真、探求本质的学习过程。

## 巧妙设计教学环节

【刘老师】吴老师的“因数和倍数”一课和我们平时上的“因数和倍数”确实有些不一样。我也上过这节课，都是按照教材上提供的一些除法算式让学生去观察，直接揭示因数、倍数的概念，并没有想着去了解学生心中的因数和倍数。但是看了吴老师的课我发现，新知的学习应该建立在学生的已有认知基础上，如此才能找准知识的“生长点”。

曾经有这样一个插曲，在一次“因数和倍数”的课后访谈中，一个小女孩说：“4 × 7=28 连除法算式都不是，怎么能有因数和倍数？反正不是老师说错了，就是书上写错了。” 这引发了吴老师的思考，她认为本节课教学不能回避对乘法算式的探讨。

【杜老师】现在我知道了，吴老师对两个版本的教材进行了融合与改造，所以才会有与众不同的教学设计。对于本节课的结构，我们一般的设计是：算式—概念—练习。但是本单元的“因数”和“倍数”概念是建立在整除基础上的，必须都是整数，这必然给学生的学习造成干扰。吴老师清楚地分析到，新概念的建立不可回避地要与学生头脑中的旧认知产生碰撞，并且不论是以前的“因数”和“倍数”还是今天的“因数”和“倍数”，它们都是建立在乘、除法的基础上的。所以我们看到吴老师的教学设计思路：唤起学生的原有认知—结合生活实例引出诸多算式—借助分类展开对比辨析—抽取概念本质建立新的认知—再次结合实例排除概念混淆—解决问题拓展深化概念。吴老师设计了核心教学活动，在“列举算式”和“分类对比”活动的支撑下，呈现出大量的、不同类型的算式供学生观察、对比、讨论、辨析，这样更符合学生建立概念的心理过程。新概念的建立要与学生原有认知进行对接，要加强与相近的、易混淆的概念的比较，要通过反面衬托加深对概念的本质属性的认识。而把静态的结论演变成动态的活动，加深对概念本质属性的认识是这节课的经典之处。

## 吴老师教学艺术解密

### 读懂教材，灵活运用

1. 整体把握教材，对数学知识进行系统、整体的梳理。可以先从自然单元的教学知识点入手，厘清知识点之间的顺承关系，分析例题、基本习题、思考题之间的关系；分析出学生解决问题、探究知识过程中重点培养的核心素养；思考教学中是否有需要适当拓展补充的内容，如：探究什么样的两个数存在“倍因关系”“互质关系”“一般关系”？将一个合数分解成几个质数相乘的形式其目的与作用是什么？

进一步梳理与本单元教学内容相关的至少本学段内的教学内容，了解小学阶段数学知识发生发展的顺序，让教材的知识点在教师心中结成“网”，使教师能分析出能力培养点之间的顺承关系，准确把握大单元教学目标。

2. 根据教材内容之间的前后联系，分析学生的学习基础和认知障碍，找准学生学习的生长点，精心选取教学资源，创造性地使用教材。如在“因数和倍数”的学习中，学生对自然数的认识，整数乘、除法的运算，对乘、除法各部分的认识是学习基础；其认知障碍是对“因数”“倍数”概念的理解。

3. 创设问题情境，在解决问题的过程中设计操作性强的学生活动，如观察、运算、画图、动手操作、辨析等数学活动，将教材中的静态结论变为动态呈现，使学生在活动中经历知识的形成过程。

## 话题二：让“对话”成为课堂的“主旋律”

### 利用评价，营造对话氛围

【主持人】杜威认为，学习的经验不仅是主体与环境的相互作用，而且是同客体对话、同他人对话、同自身对话的沟通的重叠性交互作用的经验。我们可以这么理解，没有对话沟通就没有真正意义上的教育。在吴老师的课堂上，“教学对话”无处不在，大家可以谈谈自己的看法。

【刘老师】是啊，要想形成有效的对话，首先要营造一个轻松的氛围，我觉得吴老师这一点做得特别好。我平时上课的时候总是着急，不给学生过多的发言机会，教师“一言堂”的时候比较多。可是儿童是爱表达的，同时心灵又是敏感、脆弱的，所以保护他们的心灵就是要倾听他们内心的声音，而倾听就意味着用开放的心去包容、去接受、去尊重。

【王老师】我也这么认为，在吴老师的课堂上，她善于利用评价为学生营造一个安全的对话环境。吴老师的语言是有“魔力”的，具有很强的引导性。都说教育的最高境界就是唤醒，吴老师在教学中对学生的巧妙评价让他们在不知不觉中成长，引导学生互相欣赏。她会鼓励每名学生：“你说得真好，看来你是真的在想问题，不急，我们都在互相陪伴，越讨论越深刻。”她会引导学生互相倾听，教给学生运用肢体语言，并走到教室的中间，告诉学生：“我在这儿，看这里，谁发言就看着谁。”这是对发言者的一种尊重。她会引导学生深入理解，把概念用拟人化的语言说出来：“在什么情况下你是我的因数，我是你的倍数？”希望学生对自己的见解进行调整时，她会说：“对你的发言我深表遗憾，怎么样说就有力量了？”……这样的细节在课堂上比比皆是。

吴老师还经常借用和学生说“悄悄话”、追问这些表达方式，培养学生的逻辑思考能力。比如她会在发言学生的耳边轻轻地说：“你问问他是这个意思吗？”她想引发学生讨论的时候往往会说：“你们有问题想问他吗？”“对他们的说法你有要补充的吗？”“你们还有‘事儿’吗？”其实每次追问都会引发学生新的思考，学生的思考也会越来越接近数学本质。在这样的学习氛围中，学生的心境是放松的、愉悦的，面对话题他们敢说、想说、爱说。

## 抓住生成，捕捉对话内容

【杜老师】我同意你的观点，吴老师有一双善于发现的眼睛，所以她总能捕捉课堂上的“闪光点”，她总能在学生心中种下“自信”

的种子。她心里有学生，有对他们发自内心的爱。读懂学生哪有那么容易，但是吴老师能做到“读不懂你不罢休”。她对每个孩子都不抛弃，不放弃，这是吴老师与众不同的地方。

我记得在课堂讨论的时候，坐在最后一排的一名小男孩盯着“0.8 ÷ 0.2=4”这个算式中的 4 说：“0.8 就是 0.2 的整 4 倍啊！”其他学生都说这个算式中有小数，不在我们今天说的因数、倍数的范围，可他就是不认可，但小男孩的语言表达又不是很清晰，我们都没听懂他的意思，可是吴老师发现了，原来他给算式分类的标准出现了问题。吴老师从该如何给算式分类、分类标准的不同角度引导这个孩子发表见解，直到他认同。当小男孩微笑着说“老师，我就是这个意思”时，吴老师也欣慰地笑了。她在孩子心中种下的是一颗智慧、执着的小种子，因为这个孩子一直在坚持自己的观点，直到最后和老师达成共识。幸亏他遇到的是吴老师，保护了他善于质疑的好习惯。其实我们在上课的时候，经常会有一种矛盾的心理：一方面希望学生的学习按照自己的预设完美地进行，另一方面又有一丝丝的期待，希望出现一些“意外”，但又希望“意外”在自己的掌控范围内，这样可以让课堂“锦上添花”。而吴老师总能把这些有价值的“意外”与教师的预设和学生的认知自然结合，充分发掘学生内心的想法，使学生的认知逐步走进数学本质。

课堂生成意味着对话、参与，有可能会重新建构课堂结构。而抓住生成首先是遵循学生的认识规律进行教学设计，其次是宽松的教学环境，最后是敏锐的捕捉能力，教师要有善于倾听的习惯，听到不同的声音、不同的策略，尤其是错的，一定要停下来思考，迅速判断生成的资源的价值。

40 分钟的课堂，吴老师一定会让学生获得研究问题的方法，经历真实的体验，积累丰厚的学习经验，让交流碰撞的火花在学生心中蔓延。

吴老师在孩子心中埋下了去伪存真的数学真谛，保护了一颗颗求知的“小种子”，每个孩子在吴老师的课堂上都认为“我能行”，所以孩子们愿意表达自己的观点，愿意表达的人多了，就会形成良好的交流环境。

【主持人】刚才大家谈到了师生对话，其实对话强调的就是互动，世界上没有两片完全相同的叶子，教室里也没有两名完全相同的学生。正是由于这种差异的存在，个体与个体之间的生活经验、知识基础、思维方式、个性特征有所不同，从而产生了互动的需要，学习也因此而发生。

【王老师】是啊，吴老师不仅善于和学生交流，而且善于引导学生进行生生互动，善于带着学生经历反思的过程。“学起于思，思源于疑”，我认为吴老师的课堂是师生互动、生生互动的精彩课堂，这源于吴老师能够很好地把握生成性资源。她所用的素材大多数来源于学生，她勇于直面学生的问题，懂得学生的“错误”与“不完美”的价值，善于进行有价值的追问，能游刃有余地让学生在“错误”中成长。她在概念相近、容易混淆的地方停下来让学生讨论，并且追问非常重要的问题。比如，为让学生意识到整除中存在因数、倍数关系时，她这样追问：

师：是整数也不行吗？12 不正好是 5 的 2.4 倍吗？

生：2.4 不是整数。

师：12 和 5 都是整数，看来你们又要补充第二个条件了。

生 1：结果不能有余数。

生 2：商必须是整倍数，2.4 倍不是整倍数。

师：补充了第二个条件——必须是整倍数，没有余数。谁能总结两个数要是因数和倍数关系，条件是什么？

在吴老师的课上，学生之间互相的质疑为概念的建立立下了“汗马功劳”。我们原来以为只有故事情境、鲜活的教具、角色扮演等形式才会充分调动学生的积极性，没有想到，这样一场紧紧抓住因数与倍数概念本质的“辩论赛”也能如此精彩！“错着错着就对了，聊着聊着就会了，问着问着就明白了。”这样的学习观在孩子们的心中深深扎根，他们并没有因为自己错了就沮丧，而是会因为不断探寻真理而喜悦。

## 通过对话促进思维进阶

【主持人】许多教师对概念的教学目标仅停留在记忆层面，而吴老师的概念教学目标达到了“理解”与“应用”的层面。为学生构建思维碰撞的对话空间是吴老师实现这一目标的重要策略，在活动中引领学生思考，师生对话，生生对话，形成了和谐的学习共同体。吴老师是如何制造对话话题，带领学生对概念的认知达到理解水平的？她又是如何借助对话促进学生思维进阶的？

【王老师】展开对话的前提是大家有一个共同的、感兴趣的话题。吴老师在课堂上设计了一个恰当的活动，引发对话的话题，从而带领学生经历数学发现、抽象、概括、推理等“数学化”的过程，促使学生加深对概念的理解。

如“12 个人分小组”问题情境的创设，虽没有过多的渲染，谈不上多么有趣，也没有设置多难的问题，但吴老师这样做有益于学生围绕核心活动展开对话，让学生在这个活动中有话说。

第一，根据学生分组情况列出算式，这对学生来说难度不大，吴老师又利用活泼的形式组织学生上台摆磁扣、充分发言说算式、让学生记录算式，营造了一种轻松活跃的课堂氛围，使学生能在心境放松的情况下展开交流。

第二，课堂上将要讨论的算式是学习“因数”和“倍数”概念的重要素材，在后面的讨论辨析中，学生要反复细致地观察、比较、分析这些算式，而这些算式是学生在刚刚的解决问题中自己“抽取”出来的，讨论这些“熟悉”的算式，学生自然对它们产生亲切感。

第三，学生根据问题提取的都是乘、除法算式，这样既沟通了乘、除法之间的关系，又体现了“此因数、倍数”与“彼因数、倍数”概念都能在乘法和除法中找到这一共同点。

第四，列式的要求宽松：“如果有 12 个人要分成若干个小组，要求每个组的人数相等……。如果碰到分不完的情况也没关系，可以提出来。”这样就为出现 12÷5=2……2 这一重要素材提供了机会。

【杜老师】吴老师在教学活动中重视对学生数学思想方法的渗透和学生数学活动经验的积累。史宁中教授说过：数学思想很重要，教师脑中有了意识，就能在教学中不断地尝试和渗透。我们知道分类是学习数学很好的方法。

吴老师课堂上的分类教学是这样做的。她先让学生按自己的理解去分，第一次是按照运算意义分类，第二次是按照数的类型分类，第三次是按照有无余数分类。让学生经历了不同的分类标准后，她再引出本节课研究的分类标准。在这个环节中，吴老师没有完全顺着学生的思路，而是及时地聚焦到要研究的整除的话题上来。这样既可以让学生感受到只要有标准就可以分类，不同的标准分的结果是不一样的这种辩证关系，又可以让学生明确要研究的算式范围。吴老师的分类方法是这样的，她动手画了两个圈，把这些算式分成两大类：

| 第一个圈 | 第二个圈 |
|---|---|
| 12÷3=4，12÷4=3，3×4=12<br>12÷2=6，12÷6=2，6×2=12<br>12÷12=1，12÷1=12，1×12=12<br>2×3=6，8÷2=4 | 12÷5=2……2　0.8÷0.2=4<br>0.2×3=0.6 |

吴老师在这里一共说了三组话。

“同学们，第一个圈里的算式就存在着因数和倍数的关系。”

“我来举例说明。当算式表示成 12÷2=6 的时候，我们可以说 12 是 6 的倍数，6 是 12 的因数；当然也可以说 12 是 2 的倍数，2 是 12 的因数。最初你们认为，乘法算式里乘号前面的数和后面的数都是因数，现在因数又跳进了除法中。……是不是和你们先前的经验有点不大一样了？……”

“你们要总结概括：在什么情况下才能说你是它的因数，它是你的倍数呢？……”

第一组是锁定研究范围；第二组是举例说明，再次制造冲突；第三组可以说是本节课的一个核心问题，学生对因数和倍数关系的认识就在你一言我一语的观点碰撞中，在你纠正我补充的不断对话中逐渐形成了。通过对话呈现学生的思维过程，让学生在争议中获得结论，形成自己的认知，对分类标准有所理解，就是学生思维进阶的过程。

回顾整堂课，“对话”成为教学的主旋律，引导学生在与学习素材对话、与概念本身对话的过程中充分经历了概念的抽象与概括。分类思想方法的渗透也有利于学生对概念的理解，有利于学生对知识的建构。分类思想是可以迁移的，我们能看到学生的思维正是在不断的对话中进阶的。

## 吴老师教学艺术解密

### 借助对话构建学习共同体

1. 营造和谐的氛围，让学生想说、敢说、爱说。在吴老师的课堂上，她宽容地接纳每个孩子，接纳孩子的错误，接纳孩子的“慢节奏”；她能以欣赏的态度对待学生的生成性资源，直指数学本质问题地进行智慧筛选、巧妙运用，挖掘出孩子内心对问题的真实看法。

2. 紧扣核心话题，师生互动，生生对话，让学生会说。吴老师的课堂上常常会出现一场一场的“辩论会”。她在学生有认知冲突的时候展开辩论，在谈话中唤醒学生的原有认知，让学生对概念有一种似曾相识的感觉，进而引发学生思考，开启新的探索之旅，渗透新旧概念之间的联系与区别，为后续研究埋下伏笔。

在突破难点的时候设计辩论，教学的难点往往是学生最容易对问题解决有多种观点、方法的时候，往往是学生容易出现错误的时候。此时，教师停下来，放缓教学的节奏，让学生畅所欲言：“对他的观点你有什么不同的看法？”“听了他们的解释，你还想说什么？”“对于他补充的内容你有什么想法？”用启发性的语言带领学生经历“真理总是越辩越明”的过程，使学生体会到“真理”是在思辨中产生的。

## 话题三：利用多种形式促进学生对概念的理解

【主持人】吴老师善于运用多元表征帮助学生完善概念、巩固概念，加深学生对概念的理解并进行灵活应用。说到语言、图像、动作等表征，我们平时在上课的时候也用，但是吴老师不仅能够在恰当的时机采取合适的表征方式，而且能够很好地建立表征之间的联系。对此，大家可以谈谈自己的看法。

【王老师】很多老师在讲解因数和倍数概念的时候，往往都是直接告知，只关注结果。而吴老师懂儿童的认知规律，她注重概念形成的过程，在引入因数和倍数概念的基础上，通过比较、分析、综合、抽象、概括等逻辑思维活动，利用举例子、讲故事、数形结合等手段帮助学生把握事物的本质和规律。

吴老师的课上多次出现过举例子的情景，让学生举例子来说明对概念的认知是吴老师特别喜欢用的方法。但是举例子也是有学问的。

在“因数和倍数”教学中，第一次举例子是为了解学生的认知基础。吴老师在举例子的时候一定是先给学生一个方向，这样学生就知道自己要干什么，明确了自己的目标。比如，在呈现学生原有概念认知时，吴老师说：“举个例子说说什么是因数，什么是倍数。”学生从整数的乘法算式中找到了因数、倍数，吴老师接着学生的话引出含有小数的算式，又引导学生举出不同的例子，此时的举例子既是一种对学生原有认知的“调研”，又是一种后继引导学生区分概念的引入。

第二次举例子是对概念的理解与运用，在引导学生抽象出因数、倍数的特征后，吴老师又说：“总结得真不错！那我们再来举些例子吧。”学生举例 $36\div6=6$ 和 $24\div8=3$，能够正确地说明因数和倍数的关系。

第三次举例子，是举“反例”加深对概念本质属性的认识，吴老师举的例子“$0.2\times3=0.6$ 里有没有倍数和因数关系？”“$0.8\div0.2=4$，是整 4 倍，可以吗？”，在引导学生加强辨析的同时，暗示学生举出乘法算式的例子。接着吴老师追问“还能举例吗？”，果然学生说：“6×5=30，30 就是 5 的倍数，5 就是 30 的因数。”学生从乘法的角度巩固了因数与倍数的概念，此时的举例子既是一种练习，也是一种深化。

“举例子”“讲故事”能使死板的知识变得灵活，枯燥的内容变得生动，抽象的事物变得更加直观形象。吴老师知道在概念教学中，学生对概念的认识具有“具体性”的需求，在学生通过分析、综合、抽象、概括出概念以后，吴老师常常组织学生自己举出例证，把概念再次具体化，这样概念从具体到抽象又回到具体，符合小学生的认知规律，能让学生更准确地把握概念的内涵和外延。

【杜老师】我也说说我的想法。我们知道因数和倍数“相互依存”的关系对学生来说是比较抽象的，光靠语言说不容易理解。这节课上印象最深的是，吴老师用一个动作（和学生挽起了胳膊）帮助学生理解概念的关键点。（详见前文第 27 页）

吴老师用形象的比喻、温馨的动作让学生一下子就理解并记住了因数和倍数的概念是连在一起的。我们常常赞叹在吴老师的课堂上儿童总能在理解中学习，在学习中明晰；总能感受到无拘无束地“聊天”的魅力；总能让学生觉得数学是看得见、摸得着、十分有趣的。我觉得这是吴老师始终保持着一颗读懂孩子的心而展现出的教育智慧。

【刘老师】我认为这节课最经典的是吴老师把各种表征联系起来运用。比如吴老师利用数形结合，把数线引入“因数和倍数”，让我们眼前一亮：直观的表示让因数、倍数的范围区域更明显，使复杂的问题变得简单，从中学生清楚地看见了一个数的因数和倍数个数的特点，最大、最小的因数和倍数的特点，一个数最大的因数和最小的倍数就是它本身。这时的概念更有联系感和位置感。

## 吴老师教学艺术解密

### 多元表征的运用

1. 吴老师在对概念进行表达和呈现的时候能够“信手拈来”，启发学生运用他们喜欢的手段描述自己对概念的认知，促成他们实现对概念的多种表征。如讲故事、举例子、画图画、做动作等儿童熟悉的、符合认知的手段，来帮助学生理解数学的本质，这样可以做到既关注学生又关注知识。

2. 善于建立概念多种表征之间的联系。吴老师注重引导学生将数学的文字语言、图形语言、符号语言综合使用来解决问题、描述概念、呈现方法。如在本课中寻找36的因数和倍数环节，吴老师引导学生将36的（全部）因数和（部分）倍数在“数线”上描出点来表示。通过观察直观的数线图，使学生清楚地理解了一个数的因数和倍数的特点。数与形的有机结合，利用直观感知促进学生对抽象内容的理解，丰富学生对概念的深刻体验，很好地体现了对数学思想方法的渗透。解决为长方形宣传栏设计标兵照片尺寸以使之贴满宣传栏的问题，从而以数形结合的方式将公因数的直观感知与抽象表达相结合，丰富学生对概念的深刻体验，很好地体现了对数学思想方法的渗透，“数缺形时少直观，形少数时难入微”（华罗庚语）。

【主持人】谢谢大家今天的畅所欲言，通过论课我们知道小学生学习数学是对自己已有知识和经验的解读。吴老师深谙儿童学习数学的规律，让抽象的概念鲜活起来，让艰涩的学习过程生动起来。在宽松的氛围中，在思维真实的交锋中，学生的主体作用得到充分的彰显，所有学生都在主动地参与学习活动，通过探索、交流、发现、辨析，学生对概念有了深刻的领会。没有书本上文字概念的呈现，取而代之的是学生对概念的有效解读。“两个整数只有存在着整倍数的关系，它们才有倍数和因数的关系。”可能学生对概念的概括并不是完美的，但这是学生在真实理解基础上的感悟和体验，是真正意义上的深度学习。综观整节课，吴老师通过神奇的加工，把一节生涩的概念教学变成了学生好吃又有营养的“美食”！

# 二

# 3 的倍数特征

走进吴老师的课堂

## 知其然，更要知其所以然

——“3的倍数特征”课堂教学片段

“3 的倍数特征”是在学生掌握了因数和倍数的概念以及 2 和 5 的倍数特征基础上进行学习的，它既能再次巩固因数、倍数概念，又为今后判断质数与合数、寻找公因数和公倍数打下基础。在以往的教学中，教师往往通过不完全归纳法使学生获得 3 的倍数特征，更注重特征的验证、记忆和具体应用过程，压缩了学生探究结论背后道理的过程。本节课吴老师重点引导学生探索 3 的倍数特征背后的道理，借助经典学具——小棒，分析数的分解，使学生从“知其然，不知其所以然”到“知其然，亦知其所以然”，通过讲出“其所以然”促进推理意识的形成。

## 一、引发思考，埋下“推理”的种子

吴老师开门见山揭示课题，但是没有急于开展研究，而是首先抛出一个核心问题：为什么判断一个数是2和5的倍数看个位上的数就可以了？吴老师首先利用推理的方式带领学生弄懂2和5的倍数特征，然后带领学生经历思考、辩论、验证关于3的倍数特征的推理过程。

吴老师利用课前谈话告诉大家：我们要进行一次深度的思考，带领学生一起经历一个不仅要知道结果而且要知道过程的研究历程。

### 镜头一：“数学是讲道理的！”

师：你们知道了什么样的数是2的倍数、什么样的数是5的倍数，那么，我的问题来了，为什么只看这个数的个位就行了？你们可以举个例子说说。

生1：1375是5的倍数。因为1375个位上的数是5的倍数，所以这个数就是5的倍数。

师：为什么不用看其他数位上的数就不用考虑了？数学是讲道理的，难道你们只看个位上的5就能得出结论？5前边还有1370呢，为什么不用考虑它们呢？

（学生陷入了沉思，过一会儿开

吴老师为什么要向学生询问2和5的倍数特征的道理？这个道理和3的倍数特征之间有什么联系吗？

始四个人一组进行讨论。）

生 2：因为 10 是 5 的倍数，1375 里的 1370 是 137 个 10，也是 5 的倍数，所以只看个位上的数是不是 5 的倍数就行了。

（此时教师在黑板上用一条线把“1375”个位上的数和其他数位上的数分开，见下图。）

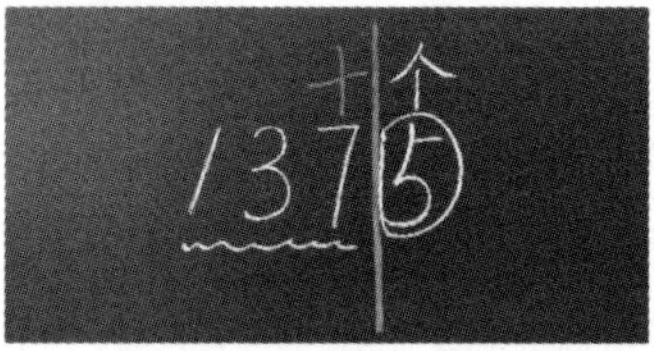


师：你真是个会思考的孩子！（在“7”的上方写“十”，手指着“7”）这是十位，十位上的数是几就表示几个十，不管几个十都是 5 的倍数，还用不用看十位上的数了？

生：不用。

师：十位不用看了，那么百位上的数、千位上的数，用不用再看呢？为什么？

（教师一连串的追问，唤醒了学生们的再思考、再讨论……）

生 3：不需要再看。因为十位上的数肯定是 5 的倍数，百位上的数一定是

生2已经讲出了只看个位上的数的原因，吴老师为什么还要进一步解释和追问？学生的推理是如何发生的？

10的倍数，所以不论百位上的数是几，它也一定是5的倍数；又因为千位上的数是100的倍数，所以千位上的数也是10的倍数，当然也一定是5的倍数了。

师：（微笑着）对啊！你们真会想问题！一个“因为……所以……”，又一个“因为……所以……”，就把这个道理讲得清清楚楚了。

师：（又顺势与2名学生按照身高从高到低的顺序站成一排）因为吴老师比王东高，又因为王东比李强高，所以吴老师一定比李强高，不就是这么个理儿吗？（学生们笑了。）

生4：老师，我觉得2的倍数看个位数也是这个道理。（学生们频频点头。）

……

师：真好！你们不仅记住了结论，更重要的是会讲其中的道理，这个讲道理的过程就是数学推理的过程。接下来我们一起研究3的倍数特征。

### 镜头二：结合猜想，寻找3的倍数

（出示学生课前对“3的倍数特征”的猜想，见下页图。）

吴老师讲的与王东、李强比身高的实例说明了什么道理？

吴老师为什么要让学生自己进行猜想？

猜想1：个位上是3，那这个数就是3的倍数。

猜想2：个位上是3、6、9，那这个数就是3的倍数。

猜想3：各个数位的数字和是3的倍数，那这个数就是3的倍数。

师：请同学们读一读这三个猜想，都读懂了之后，我们该做什么？

生：验证。

师：你们觉得哪个对，哪个不对，要讲道理，说明为什么。三个猜想中哪个和你的猜想是一样的？先验证自己的，再验证别人的，自己想好后再和同学讨论。

（教师提供学习工具：百数表和小棒。大屏幕展示学生作品，见下图。）

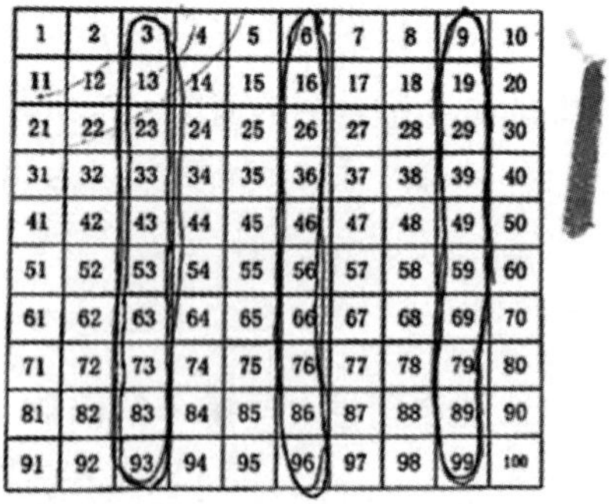

| | | | | | | | | | |
|---|---|---|---|---|---|---|---|---|---|
| 1 | 2 | 3 | 4 | 5 | 6 | 7 | 8 | 9 | 10 |
| 11 | 12 | 13 | 14 | 15 | 16 | 17 | 18 | 19 | 20 |
| 21 | 22 | 23 | 24 | 25 | 26 | 27 | 28 | 29 | 30 |
| 31 | 32 | 33 | 34 | 35 | 36 | 37 | 38 | 39 | 40 |
| 41 | 42 | 43 | 44 | 45 | 46 | 47 | 48 | 49 | 50 |
| 51 | 52 | 53 | 54 | 55 | 56 | 57 | 58 | 59 | 60 |
| 61 | 62 | 63 | 64 | 65 | 66 | 67 | 68 | 69 | 70 |
| 71 | 72 | 73 | 74 | 75 | 76 | 77 | 78 | 79 | 80 |
| 81 | 82 | 83 | 84 | 85 | 86 | 87 | 88 | 89 | 90 |
| 91 | 92 | 93 | 94 | 95 | 96 | 97 | 98 | 99 | 100 |

为什么在引导学生进行验证的时候，吴老师告诉大家，不仅要验证自己的想法，还要看看别人的想法是否有道理？

吴老师给学生提供百数表和小棒的意义何在？

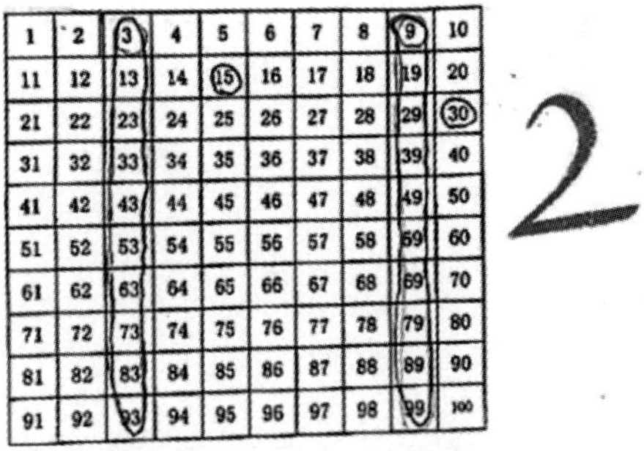


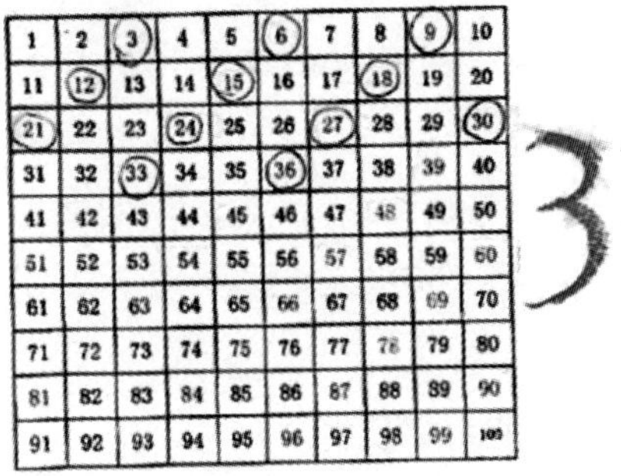


师：大家都看出来了，三位同学圈出的数有的是3的倍数，有的不是3的倍数。

生：1号、2号作品圈出来的数有的是3的倍数，有的不是。3号作品圈的数都是3的倍数。

师：到底哪些数是3的倍数，哪些数不是3的倍数？请同学们在黑板上写一写。

（学生边计算、边议论，纷纷上台写数，见下页图。）

借助学生的猜想展开验证，引导学生进行深度学习，在与学习素材的对话、与同伴的对话中经历推理的过程，感受推理的策略：猜想—验证，学会质疑，学会思考问题，学会做事。

是 3 的倍数：24、57、66、15、75……

不是 3 的倍数：29、34、58、73、16……

## 二、在验证中说理，渗透推理的方法

这个环节中，吴老师设计了让学生验证猜想的活动，她不断引导学生进行思考："我们证明了两位数，你们还有问题吗？""有更普遍的方法吗？"在吴老师不断追问的引领下，学生亲身经历了一个猜想—验证—获得结论的过程，深切地感受了思考问题的方法——可以正着想，也可以反着想，举反例是进行推理的好办法。

### 镜头三：多角度思考——渗透推理的策略：举反例

师：（手指黑板）这些数是 3 的倍数，那些数不是 3 的倍数，那么问题来了，3 的倍数到底有什么特征？我们回到前面的猜想，你们现在的任务是随便选数（聚焦到黑板上的例子），说明哪个猜想是错误的，哪个猜想是正确的。

生 1：我通过做除法，知道哪个是 3 的倍数，也知道哪个不是 3 的倍数，但是我不知道为什么。

生 2：我用小棒摆出来的，3 根 3 根地拿，如果没有剩余的就是 3 的倍数。

生 3：我就利用"猜想 3"，把各个数位上的数加起来了。

师：有人遇到事儿了，不知道你遇到事儿了没有？ 3 的倍数到底有什么特征？ 为什么会有这样的特征？

（学生用大量的数举例说明 3 的倍数符合"猜想 3"。）

师：刚刚你们分析了那么多的数说明猜想3是正确的，（面对猜想3）你们只证明了哪个数是3的倍数，还有更严谨的办法吗？

生4：（喊着说）举反例。

师：这个事真的很重要！为什么要举反例？

生4：这个猜想没准儿错了呢？所以要举一个反例来证明它。

师：如果正着想是这样，反着想也是这样，我心里可就……

生：踏实了。

生5：比如83，8＋3＝11，11除以3有余数，所以它不是3的倍数。

师：你又从反面证明了什么？

生5：猜想3是对的。

师：你为什么选择83呢？

生5：83有点像3的倍数。

师：看着像不行，数学人要用严格的数学推理来证明它到底是不是。

师：现在你们能推翻前面那两个猜想吗？

生：能！

师：就这么轻而易举地推翻了？

生6：猜想1是错的，比如83，

?

用观察、归纳与总结的方法也能让学生验证3的倍数特征的猜想，在这里吴老师为什么要让学生举反例来证明？举反例证明的力量是什么？

对推理意识的渗透除了举反例外还有哪些？

个位数是3，但它就不是3的倍数。

师：是啊，10000个个位上是3的数，其中9999个都是3的倍数，就1个不是，这个猜想正确吗？

生：不正确！

师：所以第一个猜想——

生：是错误的！

生7：比如说43，个位是3，它也不是3的倍数。

师：我特别喜欢你说的“比如说”这种表达方式。

师：第二个猜想对不对？

生8：不对！

师：大家问他……

生：为什么？

师：好！主动地问问题，我们就讨论起来了。

生8：比如说16，个位上是6，可是它不是3的倍数，所以猜想2也是错误的。

（此时的学生已经被教师调动起来主动展开对话了。学生按照“因为……所以……”的方式表达。）

师：（及时进行总结）推理的时候，要学会想问题，不仅能从正面想，还能从反面想，然后才能获得正确的结论。

## 三、借助学具，直观验证推理的过程

在前面的环节中，学生用不完全归纳法得出了3的倍数特征，但是吴老师并不满足于此，她要带领学生进行深度的学习与思考，于是学生自发地问起了为什么。吴老师借助小棒这个经典学具引领学生一边操作一边思考，把直观与抽象、推理很好地融合在了一起，让学生知其然更知其所以然，这才是触及了数学的本质，体现了3的倍数特征与2、5的倍数特征在数领域中的一致性。

### 镜头四：为什么各数位上的数的和是3的倍数，这个数就是3的倍数?

（在举出大量3的倍数的例子之后，教师没有局限在两位数、三位数，还用四位数、五位数等更多位数让学生辨别是否是3的倍数。此时的学生已经能用猜想3来判断说明了，之后他们又展开了新的思考……）

这个环节的设计就是要让学生懂得3的倍数特征背后的道理。在学习的过程中让学生感受推理的传递性，感受数的一致性，通过直观的手段了解数学的本质，再次体会推理的魅力。

师：同学们，关于特征你们已经知道了，接下来我们应该研究什么了？

生：为什么 3 的倍数特征是这样的？

师：为什么以前是看个位，现在要看各个数位上的数了？借助小棒摆一摆说明道理。（**用小棒在黑板上摆出 111。**）

师：要判断这个数是不是 3 的倍数，就要看这个数除以 3 后有没有余数，对吗？只要从这 111 根小棒中每次分出 3 根，看最后还剩不剩小棒就行了。

师：（**指向百位**）在分的时候，这个数里有多少个 3？

生：100 里面有 33 个 3，而且还剩下 1 根小棒。

师：也就是百位上分走了 99 根，说明 99 是 3 的倍数，最后还剩 1 根，我们这样记录可以吗？（**板书：99+1。**）

生：可以。

师：十位上呢？分走多少根？剩下多少根？

生：可以分走 9 根，剩下 1 根，

“经典学具”小棒在学生探究道理中起到了怎样的作用？

你还能想到用什么学具促进学生的理解？

个位上还有 1 根。

生：写成 9+1。（教师板书见下图）

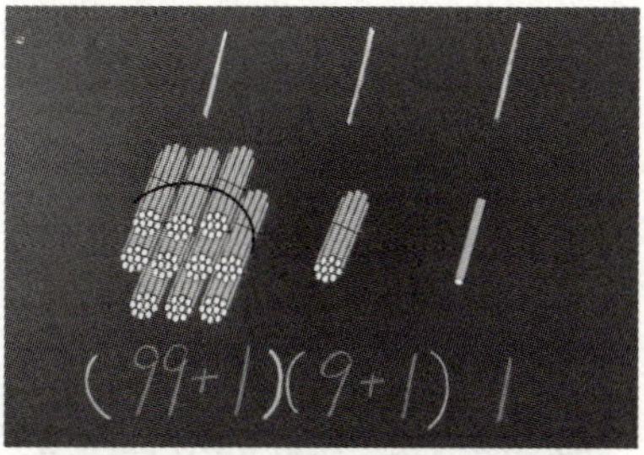


师：研究这个数是不是 3 的倍数，其实是由哪些小棒决定的？（学生动手圈一圈。）

师：数学是讲道理的，我们应该问——

生：为什么。

生 1：因为前边的 99 和 9 已经是 3 的倍数了，所以我们就不需要看了，只需要看百位上、十位上和个位上剩下的小棒数量。（这时有学生自发地为发言的同学鼓掌。）

师：（及时捕捉到）你为什么鼓掌？

生 2：我觉得他说得有道理，很佩服他。

师：你对着他（指刚才发言的生 1）说话，把“他”变成“你”，你俩对话啊！

师：刚才讲的，你们听懂了吗？

生：听懂了。

师：如果是 1111 呢？

生：那就是说明千位上拿走 999 根小棒，还剩 1 根，再把它和其他 3 根合起来，1111 不是 3 的倍数。

师：对啊，十位是 9+1，百位是 99+1，千位是 999+1，是否是

3 的倍数特征一定跟谁有关系？

生：跟剩下的小棒有关系。

师：如果是 222 呢？怎么思考这样的数？一时说不好也没关系，分一分小棒，讨论讨论。

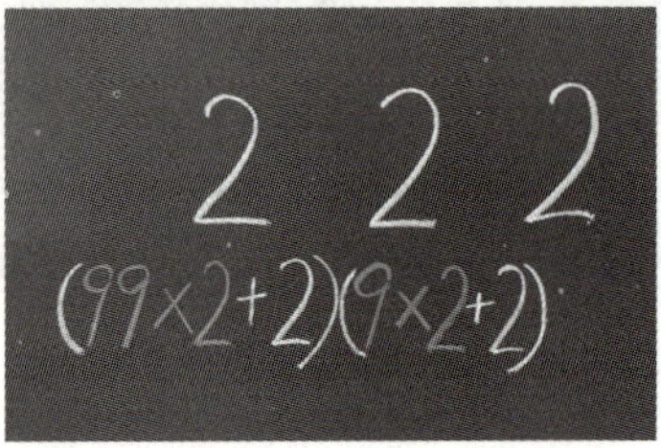


（学生分小组演示小棒，讨论说理。稍后，教师请一组学生上台介绍。）

生 3：这个十位上的“2”表示 20，能从 20 中取走 2 个 9，余下 2（出示 2 根小棒）；百位上的“2” 表示 200，能从 200 中取走 2 个 99，余下 2（出示 2 根小棒）。

师：可以用怎样的算式记录他的分法？（根据学生的回答，教师板书算式，见下图。）

生 4：99 是 3 的倍数，99×2 也是 3 的倍数； 9 是 3 的倍数，9×2 也是 3 的倍数。

师：那么只需要考虑谁呢？

生3：剩下的小棒数。

师：正确！一共剩下了多少根小棒呢？（询问一直没有发言的生5。）

生5：一共剩下了6根小棒。百位上、十位上、个位上各剩2根。6是3的倍数，所以222是3的倍数。

师：看222是不是3的倍数，你最终算的数是——

生5：2+2+2！

师：如果是2222呢？如果是1234呢？

（此处的迁移推理已经让学生们恍然大悟，原来道理是这样的……）

## 镜头五：其实它们是一家子——2、3、5倍数特征的一致性

（在利用学具的方式直观表达让学生理解了判断是否是3的倍数和为什么要把各数位上的数加起来的道理后，吴老师又把学生们的思维引入了深处……）

师：3的倍数特征和2、5的倍数特征一样吗？

生：不一样。

师：在研究2、5、3的倍数特征的

？在说明道理的时候，吴老师选择了111、1111、222、2222这些数据作为说明道理的素材，这样的选择有什么目的吗？

好的教学设计一定不是孤立的，此处让学生感受“都是一家人”的设计其实是在渗透自然数的倍数特征可以进行序列化研究，比如研究2、5的倍数特征后研究3的倍数特征，之后还会有其他的数的倍数特征吗？这样的思考、探究、推理是可以延续下去的。

过程中，发现它们“一样”的地方了吗？

（学生思考后做出了回答。）

生1：我认为有一样的地方，2的倍数是2根小棒2根小棒地拿走，直到全部拿完，没有剩余的话它就是2的倍数；5的倍数是5根小棒5根小棒地拿走，直到全部拿完，没有剩余的话它就是5的倍数；3的倍数是3根小棒3根小棒地拿走，直到全部拿完，没有剩余的话它就是3的倍数；都是没剩余，这是它们的“一样”。

生2：判断是否是2和5的倍数要看个位上的数，判断是否是3的倍数就要看各个数位上的数之和。表面上看判断3的倍数方法和判断2、5的倍数方法是不一样的，但实际上都是一个数位一个数位地“分”数，好像得分两家，可实际上它们也可以看作一家啊。

师：说得真好，它们的本质是不是一回事？（众生点头。）3个3个地拿，5个5个地拿，2个2个地拿，正好拿完了，没有剩余，就是它们的整倍数，否则就不是它们的倍数。这就是它们的一致性。

## 与同伴论课

**主持人：** 周老师（30年教龄，正高级教师）
**参与者：** 王老师（20年教龄，骨干教师）
杜老师（10年教龄）
刘老师（6年教龄）

【主持人】“3的倍数特征”是“因数和倍数”单元的重要一课。在以往的教学中，我们的学生经常有这样的疑问：为什么一个数如果各数位上数的和是3的倍数，这个数就是3的倍数？多年来，我们很少触及背后的原因，难道我们的教学仅仅停留在让学生记住这个结果上吗？显然我们的教学目标不是记住一个知识，而是应该让学生有能力的提升。数学是讲道理的，那么在教学中怎么让代数推理真实发生？让学生知其然更知其所以然？怎样培养学生的推理意识？下面让我们走进吴老师的课堂，一起去思考，去讨论。

### 话题一：借助旧知识，渗透推理的传递性

【杜老师】我印象最深的一句话就是吴老师说的“数学是讲道理的”。这里的道理是什么？不是记住一个结论，然后用这个结论去照猫画虎地解决问题，而是真正地懂道理。课中有这样一个环节：上课

伊始吴老师就提出了一个核心问题：为什么判断一个数是不是 2 和 5 的倍数只看这个数的个位就可以了，前边的数就不用看了？这个问题不仅引发了学生的思考，也引起了我们教师的思考——关于 2 和 5 的倍数特征的教学我们以往只停留在观察、总结的阶段，从来没有深入地思考过“为什么”。而吴老师的课不仅关注了“是什么”，还关注了“为什么”，这样的学习就不只是记忆与复制，而是会激发学生的思考力，埋下“推理”的种子。

【王老师】对，我觉得吴老师能够巧妙地借助语言表达渗透推理方法，促进学生推理意识的形成。在本课导入环节，在 2、5 倍数的特征小结中，吴老师提了杜老师说的这个问题，意在引导学生“说理”。说理说什么？说推理的本质——传递性，即 $A \rightarrow B$，$B \rightarrow C$，则 $A \rightarrow C$。学生最初是这样说的，“因为十位上的数是 5 的倍数，所以百位上的数是 5 的倍数”，这样的话是不符合推理逻辑的，缺乏推理的传递性的支撑。应当将百位上的数和十位上的数建立关系，由此得出结论。因此，吴老师在这里精心设计，让学生从浅表化的印象走向深度的认识——“因为十位上的数肯定是 5 的倍数，百位上的数一定是 10 的倍数，所以不论百位上的数是几，它也一定是 5 的倍数”。吴老师跟进的一个比喻“因为吴老师比王东高，又因为王东比李强高，所以吴老师一定比李强高，不就是这么个理儿吗？”，将推理的传递性形象地呈现在学生面前。逻辑推理的本质是推理的过程具有传递性，而数学逻辑推理是用数学的语言和符号确切地表述这种传递性。课堂上，吴老师总能在细微之处抓住重点，生动形象又润物无声地为学生渗透数学思想方法。

【刘老师】是的，有了这样“传递性”的渗透，接下来的环节就是关于 3 的倍数特征的猜想与验证。数，对学生而言是十分抽象的，而数的整除涉及数与数之间更多的内在联系和规律，这对他们更是挑战，但是吴老师在第一环节就为学生后续的思考推理做好了准备。

吴老师教学艺术解密

学会问“为什么”

要培养学生的问题意识，引导学生多问“为什么”。上课的时候要多观察、多思考、多提问，好的问题是能引发学生思考的，引发学生思考的问题能让学生的思维得以延伸。同时教会学生用“因为……所以……”的表达方式来清楚展现自己的思维过程，实现思维的进阶。

**话题二：借助举反例的方法，学习推理的策略**

【主持人】数学教学就是要“明理”，也就是不仅要“知其然”，更要“知其所以然”，而“其所以然”的知识是需要学生合作、探索才能得到的数学本质。经过大家的讨论我们发现，让代数推理真实发生需要一个问题情境，需要经历一个过程，需要推理的策略。

【刘老师】这节课巧妙借助了类比推理。在学习3的倍数特征时，学生已经学习了2和5的倍数特征是根据个位上的数进行判断的，据此，部分学生会自然而然地类比推理出“个位上的数是3的倍数的数就是3的倍数”这样的结论。一些学生往往是心里有了猜测就万事大吉了，但是吴老师引导学生用批判和质疑的眼光看待结果，用多种方法对自己结论的正确性进行检验，并要能够向其他同学证明自己结论的正确性。

吴老师展示了学生的三种猜测（只有猜测 3 是正确的），看似顺理成章地就要一起验证猜测 3 是不是有道理的时候，吴老师突然叫停，改了要求，让学生先验证自己的猜测，如果发现错了，再看看别人的猜测是不是有道理。当时这句话突然点醒了我，在各类教研和学习活动中，我们不止一次提到要尊重学生的想法，眼里有每一个学生，但是一直感触不到细节，到底怎样做才能体现我们对学生的思考的尊重？站在学生的角度，当时他们最想验证的一定是自己的猜测，若什么都没有做就一起去研究验证别人的猜测，确实是不够尊重学生，就像老师强行把学生拉入“正轨”，而且这些学生根本就没有经历思考问题、研究问题的完整过程。回想自己的课堂，也少不了类似的景象，长此以往，学生可能就不愿意去猜测了。

课堂上我们面对的是所有学生，应该直面全体学生的想法和困惑，让思考出错的学生在课上受到关注，使他们有收获，愉悦地研究并接纳正确的想法。

【杜老师】我也是对这个环节有一些思考。上课时我看到几个学生眉头紧锁，猜测他们心里一定有事。那么他们在纠结什么呢？——“举反例！”吴老师请学生表达自己心中的“大事”，通过反例来反馈交流，学生发现只要举出 83 或 16 这样的一个反例，就能证明猜想 1、2 不成立。通过“反例”，学生体会到了在归纳推理中，有没有反例是十分重要的一件事。

### 吴老师教学艺术解密

#### 学会举反例

数学是缜密的、严谨的，要说明一个命题是错误的，极具说服力而又简明扼要的方式就是举出反例去推翻它。也许大部分学生一开始不会举反例，教师可适时引导，让学生举反例说明，培养学生的批判性思维。学生的顿悟就是重要的反思。

在教学中要引导学生学会换个角度考虑问题，学会正反两方面想问题，认识到反例的作用。反例可以是文字表达，也可以是数据说明，还可以是用图形表示。

【王老师】是啊，通过举反例有效地培养了学生推理的严谨性。我还发现吴老师课堂的一个细节：她让学生表达观点的时候要和同学面对面地说话，而且表达的不是“他如何如何”，而是“你如何如何……”，这样的表达就能够让生生真诚地对话。

### 吴老师教学艺术解密

#### 交流时把“他”换成“你”

在课堂上生生交流时让学生变换称呼的词语，变“他”为“你”，看似一个字的改动却能带来良好的沟通效果。用“他”字描述的是学生和老师在对话，换成“你”之后是一种同伴对话的学习，仅仅这一个词的变化就能让同伴真正交流起来，并形成有效的对话流。

【刘老师】对，除了交流的方式以外，吴老师善于借助错误资源实现学生的思维进阶。我看吴老师在让学生从“百数表”中寻找 3 的倍数之后把错误资源都用实物投影展示了出来，开始我以为是订正一下答案即可，后来才发现，吴老师借助这些错误资源组织学生展开了大讨论，使得真理越辩越明。学生的错误资源能够真实地展示他们的思维水平，对错误资源的讨论能够让不同认识水平的学生都得到发展。

【王老师】我也关注到了，而且在讨论过程中，吴老师特别注意操作与表达的互补。学生的思维水平各不相同，因此呈现出的学习样态就不同。怎么能做到分层教学呢？吴老师时刻借助操作与表达互补的方式。表达能够培养学生的逻辑，语言是思维的外壳，能够说清楚就一定能想清晰。吴老师在课上把话语权充分交给学生，如遇到学生说不清楚就换一种方式，画一画、摆一摆，这些都是思维可视化的手段。

【主持人】大家刚才谈到了很多细节，比如错误资源的利用、学生的语言表达等。此外，吴老师上课一定是离不开实物展台的。从“演示文稿”到“实物展台”，表面上看是多媒体手段的不同， 其实是教学理念的不同。“演示文稿”的内容往往来自教师的课前预设，“实物展台”呈现的是学生真实的课堂生成。这就是吴老师的儿童观，她心中装着儿童，上课会充分利用学生的生成资源，这就是教学智慧。

## 吴老师教学艺术解密

### 离不开的实物展台

离不开的实物展台是一种教育理念。那实物投影与教学课件的区别在哪里？实际上是教师对生成性资源的把握。教学课件是提前设计好的，是来自教师的设计，实物投影的素材是现场生成的，是来自学生的问题或学习表现。如何在课堂上用好教学课件和实物展台，就需要教师把握好预设与生成之间的关系，关注学生的生成，提供展开讨论的平台，基于学情开展教学。这也从一个侧面展现了吴老师的教育观，心中始终装有学生，教学不是教师一个人的设计和表演。

在借助实物展台展示学生的解题过程中，教师要注意以下几点：一是展示的作品要呈现多元表征；二是展示的顺序要依据学生的思维水平，先展示低水平的，再展示高水平的；三是展示的过程中随时组织学生进行讨论，并要记得给学生作品编好编号，以方便讨论。

## 话题三：借助直观工具，体现推理的过程，渗透数学本质

【主持人】以前的教学中代数推理比较薄弱，但是吴老师的课让代数推理真实发生。我们知道研究一个数的倍数特征主要的数论原理是：判断自然数 $a$ 能够被自然数 $b$ 整除，可以把 $a$ 分为大小不等的两个自然数的和，如果较大的加数被自然数 $b$ 整除，则只需要判别较小的加数能否被自然数 $b$ 整除就可以了。不过这样的道理很

抽象，学生理解起来比较困难，于是吴老师借助小棒这个直观的学具，借助位值，让学生的思维回到原点处，深入浅出地把数学本质传递给学生。

【杜老师】是啊，3的倍数特征比较隐蔽，吴老师引导学生思考："为什么以前是看个位（如2、5的倍数特征），现在（指3的倍数特征）要看各个数位上的数了？借助小棒摆一摆说明道理"吴老师引出"小棒"这一工具。比如：在研究"111"的过程中，学生通过3个3个地分小棒，发现1个100可以分成1个99和1个1，99能被3分完，所以剩下1个1；同理1个10可以分成1个9和1个1，9能被3分完，还剩下1个1，所有剩下的小棒都可以归到个位上，一共剩下3个小棒，继续分正好分完。这就在学生心中埋下了位值、算式等价变形的种子。

## 吴老师教学艺术解密

### 经典学具不可丢

教学中难点的突破可借助工具，把抽象的事情变直观，符合学生的认知。工具能够改变人的思维方式，工具的发明就是人类的进步。在小学数学的学习过程中有很多经典的学具，比如小棒、小方块、方格纸等。在学习数的认识时，小棒能起到很好的支撑作用。在学习过程中，小棒能够很好地帮助学生把抽象的数学直观地表达出来。数是抽象的，但是小棒是直观的、可见的，它可以帮助学生助力思维的成长。小棒是个经典学具，它不仅能够灵活地体现"分"与"合"，还可以体现位值，是学生学习的重要依据。

【杜老师】我想谈一谈吴老师上课选用的素材。其实对这些素材吴老师也是动了一番脑筋的。她利用 111 这个数引领学生探讨 3 的倍数特征的道理，难易适中，找准了课堂的发力点。我们都知道素材的选择要有代表性，哪个素材更容易让学生理解知识本质，就要选哪一个。好的选材能起到承前启后的作用，在吴老师的课上看似随意的例子却是她精挑细选的结果。

【刘老师】我也有同感，我以前上这节课时用 251 这样的数，今天我才明白 111 的用意，看来素材的选择背后一定要了解数学的学科本质。

【主持人】大家谈到素材的选择，这个话题格外重要。仔细思考，不是任意一个数都能够对突破教学难点起到支撑作用的。从 251 到 111，变化在哪里呢？ 111 不仅比 251 直观、操作方便，更重要的是 111 的选择能更好地借助位值跟学生的经验直接对接，巧妙地突破了教学难点，再一次体现了推理的传递性。

吴老师教学艺术解密

精选素材

好的素材首先是学生熟悉的，其次是能引发学生思考的。比如三位数 111 在“3 的倍数特征”这节课中就是个好素材，学生早就认识了 111，而且这个数能充分体现数的位值，借助数与数之间的关系分析 3 的倍数特征能够增强学生的推理意识。

【王老师】吴老师注重大单元、结构化，教学设计上注重思维的培养、螺旋式上升，带着学生“瞻前顾后”地学习，课前埋下迁移的伏笔，课后种下思考的种子。她会借助问题引发学生深入思考。

【杜老师】是的，吴老师注重建立知识之间的关联性。今天的课上吴老师有一句特别重要的提示：“在研究 2、5、3 的倍数特征的过程中，发现它们‘一样’的地方了吗？”可别小瞧这样的问话。我们在课堂上经常问的是“这几种方法哪里不一样啊？”，关注的是区别，考虑的是学生如何解题；吴老师经常强调“哪里一样”，其实她更多的是在聚焦本质，沟通知识与方法上的联系，这是一个建模的重要过程，“一样的”一定是“本质的”。她用联系的观点看问题，是一种哲学眼光。

【王老师】观察是学习活动的核心环节，观察的重点往往是对象之间的关系，这种关系往往体现为“变化过程中的不变”。这样才突出本质。

### 吴老师教学艺术解密

#### 追问“哪里一样”

当学生对问题有众多的解法或者有许多不同的观点的时候，教师要适时提问：“哪里一样？哪里不一样？”这就是教会学生想问题。学会从“不一样”到“一样”的思考，就是把共性的提炼出来，就是数学抽象，就是寻找数学的本质特征。把本质特征提取出来是小学生学会想问题的一个重要路径。

【主持人】今天大家的讨论各抒己见，核心都是围绕“让代数推理真实发生”，大家谈到的很多细节其实就是吴老师的教学智慧。回顾这节课，与以往传统课最大的不同就是突出了“为什么”。整堂课不是只说一个结论，而是从学生的真实猜想出发激发学生的问题意识，带领学生经历解决问题的过程，体验解决问题的方法，引发学生强烈的探究欲望，让学生在迎接挑战中体验思考和发现的快乐。学生经历了借助直观手段突破难点的过程，学会了推理的方法，培养了推理意识。这样的一节课不仅让学生知其所以然地“学”，也让教师懂得了怎样知其所以然地“教”。

# 三

# 数的整除复习

走进吴老师的课堂

## 简约，不简单

——“数的整除复习”课堂教学片段

“数的整除”是小学阶段概念比较集中的一个单元，包括因数和倍数、质数和合数、奇数和偶数、公倍数和公因数、最小公倍数和最大公因数、质因数和分解质因数[①]。教学中这些概念若以零散的形式出现，将使学生对概念的理解是片面的、分散的、孤立的。怎样引导学生把这些分散的概念变成有关系的“一家人”呢？老师们一定想到了可视化的知识网络图。的确，网络图可以把知识“串点成线，织线成网”，可以帮助学生形成系统的认知结构。但值得思考的是：在建构知识网络图的过程中，我们怎样凸显整数除法这个“承重墙”的核心地位？怎样建立好因数、倍数、质数、合数、奇数、偶数等概念间的联通，打通“隔断墙”，使单元内容更具系统化、结构化、逻辑化？

让我们带着这样的思考，走进吴老师的课堂，从中体会吴老师是如何从儿童数学的视角出发，对 13 个有关数的概念进行梳理，引领学生在复习课中经历“盲人摸象”的过程，再用一张网络图把凌乱的概念变成有关系的“一家人”的吧。

① 注：2022 版课标中不涉及质因数和分解质因数的概念。

## 一、“闲”看儿童捉柳花

课前，吴老师开门见山地揭示课题，随后没有马上开始上课，而是询问学生“有没有没学过的概念”，让学生“把没学过的概念挑出来”，问学生“有没有小组讨论的习惯”，选好小组长之后，以“看到12，你想到了什么？”为引子，开启了这节课的学习。

### 镜头一：“你们选择方法一还是方法二？表个态！”

师：今天我们的任务是把过去的这些零散的知识进行综合整理和复习。我提出两种学习方法：一是吴老师在这儿把有关数的整除的概念捋一捋、画一画、勾一勾，一会儿一个完整的网络图就将呈现在你们面前。二是让同学们先试试，或许你们能找出一组、两组或者更多组数之间的关系。你们选择方法一还是方法二？（微笑）表个态！（手势）

（全班学生一致选择了第二种学习方法。）

师：尊重大家的意见！

？

吴老师为什么让学生自主选择学习方法？吴老师又是怎样把学习的自主权真正交给学生的？

构建单元知识网络图重在全面、完整，吴老师为什么会提出“不求全”的学习要求？这背后蕴含着吴老师怎样的思考呢？

在整个探究过程中，吴老师引导着学生们经历了一个重要的“盲人摸象”的过程。其间，学生一边找关系，一边体验着整数除法这一核心概念的价值，在认知思维上经历着由部分到整体、由具体到抽象的过程。学生的整理虽然有些片面、有些零散，但却片面得真实，零散得可爱。

**镜头二：“我们不求全。”**

师：整理时，请各组组长做个简单的记录。我们不求全，能说一组也罢，两组也罢，都没关系。大家在一起交流，我们就会有意外的收获。

（学生整理，教师巡视。）

## 二、绝知此事要躬行

这是本节课的主体环节，学生们在吴老师的引导下，以小组讨论—分组汇报—全班交流的形式开始了这一阶段的学习。“我们组挑的是奇数和偶数。”“我们把因数、质数、分解质因数三个合在一起。”同学们相互交流，你说一条，我补充一点，相互提问，相互启发，学习成为学生自己的事情。“这个小组开局不错！”“这一笔加得好，加出了重要关系！”“人家把因数放在那儿了，你们把因数放在这儿了，因数到底放在哪里？怎样想一个两全其美的办法，把它们勾画在一起呢？”吴老师一次次推动思考的追问、一次次恰到好处的引导、一次次触及心灵的评价，引导学生在体验中发现了“因数”“倍数”等概念之间的内在联系，把记忆中孤立的、分散的、无序的、模糊的概念连成了一幅系统化、结构化、逻辑化的网络图。教学现场时而掌声雷动，时而笑声阵阵。

### 镜头三：“这个小组开局不错！”

师：你们可能还没有整理完，没关系，不求全。我们的整理可能还不全面，都没关系。说说你们小组是怎么想的，一个人主讲，两个人帮忙，交流的时候眼睛既要看黑板，也要看同学。

（第一小组学生不太自信地走上了讲台。）

生 1：我们组挑的是奇数和偶数。

师：（帮忙找出并放在黑板上）说出理由。

生 1：我们知道能被 2 整除的是偶数，不能被 2 整除的是奇数。

师：（面向所有学生）看来 2 很重要，能通过是否被 2 整除来判断。你们认为把 2 放在哪里更好呢?

（一名学生先把 2 放在偶数的位置，经过一番讨论，另一名学生把 2 放在了中间。教师启发学生用线把奇数和偶数连接在一起，见下图。）

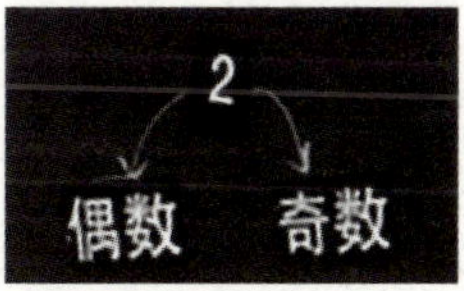


师：你看这个小组能用线连接概念，一边画一边说，这个小组开局不错！他们找到了能被 2 整除的是偶数，不能被 2 整除的是奇数，小组合作完成了这样一组整除概念的理解。我建议第一次掌声送给最勇敢的合作得非常好的第一组（掌声响起）。后面的小组就这样来，一边画线一边说明理由。

**镜头四：“不是就概念说概念，而是举个例子说明”**

生 1：我们把因数、质数、分解质因数三个合在一起。

师：这个我真没想到，说说理由。

生 1：因为因数、质数、分解质因数都有因数和质数。

师：你能解释一下什么是分解质因数吗？

（学生沉默。）

师：你能举个例子说说吗？

生 1：（说了一个 12，一边写一边说）我们发现任何一个合数都能被分解。

师：你的意思是任何一个合数都能被分解。你们认可这句话吗？认可的点点头，不认可的摇摇头。

生 2：我不同意，2 就不可以。

生：2 不是合数。

（全场笑声。）

师：谁都有一时疏忽的时候，可爱的是，你马上意识到了。任何一个合数都能用质因数相乘的形式表示出来，这个过程是什么？没有点怀疑的态度怎么进步呢？老师很欣赏你、佩服你！刚才他们在讨论的时候，你也在不断地修正自己。这一组的讨论，带给同学们什么样的思考呢？一时想不起没有关系，他们不是就概念说概念，而是举个例子说明，（面对所有学生）那我们就是真明白了。（微笑着面对前面发言的这一小组同学）说数之间的关系，要脱掉外衣看实质，不能只看文字， 重要的是看概念间的内在关系。谢谢，你们带给了我们重要的启发。

### 镜头五："这一笔加得好，加出了重要关系！"

师：我觉得你们把质因数和分解质因数放到一起蛮有道理的，但好像这儿还缺点什么。你们把谁给分解了？

生：合数。

（学生对合数和质因数两个概念进行连线。）

师：任何一个合数都可以分解为不少于两个质因数的乘积。（学生在合数、质因数之间画出箭头，见右图）这一笔加得好，加出了重要关系！这一笔很重要。（学生主动蹲下让其他人看黑板，全场笑声。）

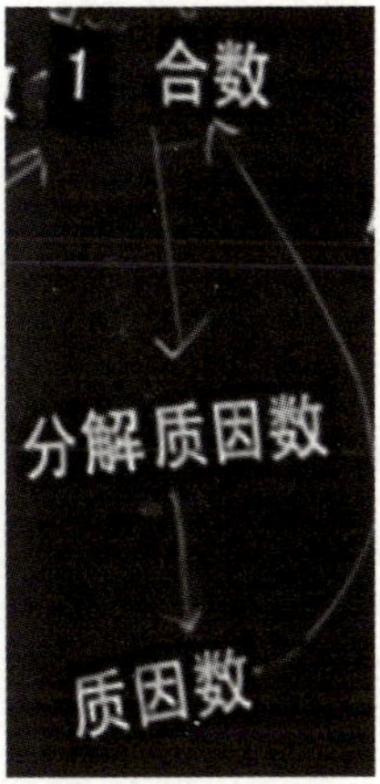


### 镜头六："因数到底放在哪里呢？"

生：我们把因数、公因数和最大公因数放在一起了。

（在教师的提醒下，学生把三个有关系的概念用线连在了一起。）

师：（手指向因数、公因数、最大公因数）有这样一组，就想到——

生：倍数、公倍数、最小公倍数。

师：（故意着急）人家把因数放在那儿了（把因数卡片放在质数、1、合数的上面），你们把因数放在这儿了（又把因数卡片放在公因数、最大公因数的上面），因数到底放在哪里呢？怎样想一个两全其美的办法，把它们勾画在一起呢？

吴老师是怎样把凌乱的数变成有关系的“一家人”的？从吴老师带领学生整理网络图的过程中，你读懂了什么？吴老师是怎样引导学生发现并建构起“因数”“倍数”等概念之间的内在联系的？在整理建构的过程中，突出概念间的相互联系，夯实“承重墙”，打通“隔断墙”，对你的课堂教学有什么启发呢？

生：写一个（因数）。（全场大笑。）

师：（笑着说）这是个招儿，如果不写这个因数，还有没有别的办法？

（一名女生到黑板前，把“因数”分别和“质数”“1”“合数”进行连线，又在教师的启发下，修改了箭头的方向。）

师：（微笑着）你真懂我！（面对说要写因数的男生）你那招儿也不错！但就是（其他学生：有点乱）。其实有的时候真的是退一步（生：海阔天空）。你让一让，他让一让，因数就派上用场了。这掌声送给你（指连线的女生）！也送给你（说“写因数”的男生）！

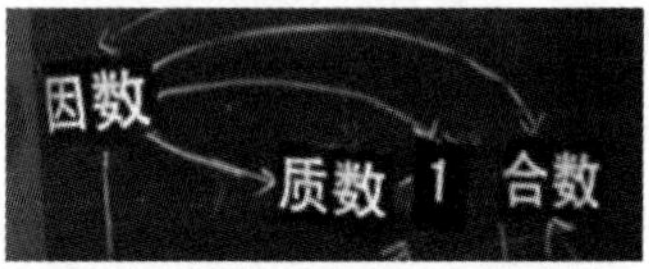


（在上述探究发现的基础上，学生们又很快顺势发现了倍数、公倍数、最小公倍数三个概念之间的内在关系。）

## 三、只缘身在此山中

在吴老师的引导下，学生们经历

了交流、接纳、容错、完善的学习过程，单元知识网络图的主体框架基本上出现在了黑板上。在处理“对互质数这个概念怎么办？”这一问题时，吴老师发现了坐在角落中一直没有发言的两名学生。这两名学生是我们常态教学中“受冷落”的群体，但是在吴老师的启发与鼓励下，他们发现了重要的概念之间的关系。课后，学生发自内心地用文字写出“我不再是个木头”。

## 镜头七：“对不起，一直没有关注到你们组。”

师：对互质数这个概念怎么办？

（黑板上只剩下互质数这个概念。）

师：对不起，一直没有关注到你们组。

（这时坐在角落里的一组学生被请上了台。两名学生一上台全班同学大笑，听课的老师也被逗乐了。原来这个组合确实很可爱，一个小小的、瘦瘦的，一个高高的、胖胖的。）

瘦男孩：互质数和1连起来，因为只有因数1。

师：互质数和1连起来，为什么？

课堂要面向全体学生，在吴老师的课堂上总能得到真实的回应。被数学老师“特意安排”的两名学生还是没能逃脱吴老师的“法眼”。一句“对不起，一直没有关注到你们组”，开启了教师如何在课堂上关注个别学生的精彩一幕。

吴老师在数学课上是怎样关注全体，尊重学生的个性差异的？在数学课上，我们要关注学生的哪些方面？从吴老师的课上，你受到什么启发呢？

这样一对奇妙的组合虽然一出场就使在座的听课老师开怀大笑，但同样坐在教室里的本班数学老师刘老师可不像别人那样轻松，不知道两个孩子会说些什么。要知道这两个孩子的成绩不是很好，也不爱发言，所以为了让吴老师的课顺利些，刘老师有意把两个孩子的位置调到在了后边，可是这样的一点小心思还是没有逃过吴老师的眼睛。

学生出现了问题，吴老师没有着急，而是顺势而为巧妙地提供方法——举例。

为什么互质？你能举例说明吗？

胖男孩：假如是3和4，它们互质。

师：为什么互质数要找1呢？似乎还缺些什么。

瘦男孩：因为只有公因数1。

胖男孩：（重复）因为3和4的公因数只有1，所以我把互质数和公因数贴在一起。

师：掌声响起来，真的好棒！你们两个立了大功，找到了1、公因数和互质数的关系。

（本班数学老师刘老师被两个孩子的精彩表现感动了，不由自主地伸出了大拇指。）

## 四、为有源头活水来

教学中，吴老师引导学生自主梳理整除各概念间的结构，不露痕迹地把知识的梳理与复习的方法有机地融合在一起，这些学习方法就是学生学好数学的源头活水。体味前面的学习过程，在建构网络图的过程中，学生对合数和分解质因数、质因数概念间的关系出现了疑惑，吴老师适时地引导学生使用“举例子”的方法，化解学生认知上的困惑点，学生在尝试、存疑、解疑的体验中，完成了第一组概念间关系的梳理。在对“因数到底放在哪里？”这个问题的解决过程中，学生在笑声中完成了“一举两得”的关系勾画。

在网络图主体结构完成时，吴老师通过《盲人摸象》这个寓言故事，深入浅出地总结了整理网络图的方法，达到了授之以渔的效果。吴老师在数学课上绘声绘色地讲起了寓言故事，学生们听得津津有味，会场的学生和老师们在倾听的过程中不住地向吴老师点头示意。探究活动前吴老师为什么要提出不求全的要求，至此，会场上老师们的困惑也随之消失了。

课后，其中一名学生写下了自己的上课感受：“上完课后我感到十分自豪，因为在课堂上我没有一言不发像个木头，而是勇敢地举起了手，踊跃回答问题。课堂上的欢声笑语，都深深印在了我的脑海里，我永远不会忘记！”

### 镜头八：“摸象—说象—成象—抽象”

师：同学们，刚才零零散散的那么多有关整除的概念，就被大家你一言、我一语，你找一组、我找一组地板书出来了。俗话说，书越读越薄，就是这个道理。当你把那么多零散的概吴老师数学课上的寓言故事，你读懂了什么？《盲人摸象》的故事对夯实"承重墙"、打通"隔断墙"有什么作用呢？对我们理解儿童、上好复习课有什么启发？

念用一个网络图表示出来的时候，它们之间的关系就清楚了呗！其实同学们，你们今天正是经历了一次重要的盲人摸象的学习过程。（学生用不解的眼光看着教师）我看到你们用不解的眼光看着我，盲人摸象中有偏见，对吧？第一步摸象，我摸到大象的身子像堵墙，就说大象是墙；摸到大象的腿像柱子，就说大象是柱子。片面吗？真实吗？（学生摇头）不真实吗？我摸到的就是柱子啊，怎么不真实啊？同学们开始整理概念的过程就是这样的过程，片面且真实。第二步说象，你一言，我一语，说象的过程就是同伴资源共享的过程，你看看，张三一组说说，李四一组说说，说的过程就是倾听和接纳对方、修正自己的过程。说完象了，第三步成象。学整除这部分知识，象头是谁？（生：整除。）最后要抽象，数学概念在理性中得到认识，这是对六年级同学的要求。你们还有什么问题吗？ 2和谁连？它的倍数有什么特征？还学过谁的倍数？

生：3、5。

师：把这些补充进去，这个大象就更完美了。（见下页图）

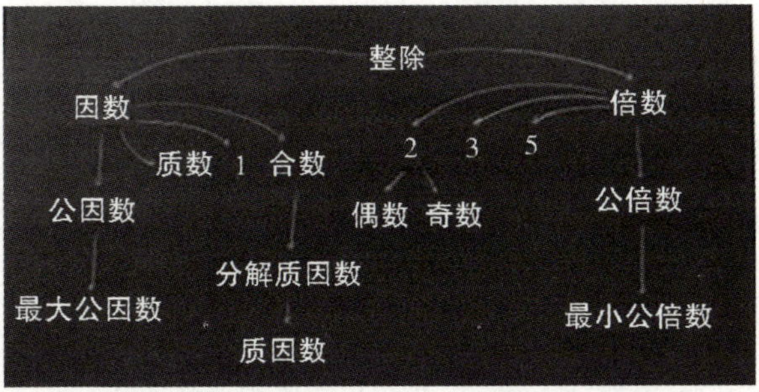


（在此之后，教师又带领学生进行了几道题的练习。一节生动的复习课就这样在学生们喜悦与兴奋的状态中结束了。）

## 与同伴论课

**主持人：** 周老师（30 年教龄，正高级教师）

**参与者：** 刘老师（25 年教龄，骨干教师）

陈老师（16 年教龄）

王老师（7 年教龄）

【主持人】俄国教育家乌申斯基说：“智慧不是别的，而是一种组织得很好的知识体系。”零散的数学知识要以一定的结构存在于学生头脑中，就需要教师引导学生沟通知识间的联系，对知识做深层次的整理加工。吴老师在执教的“数的整除复习”中，用一条线把零散的知识穿起来，用几条线把一串串的知识连成片，从一小片连成一大片，最终形成有关系的知识网。吴老师带领学生完整地经历了摸象—说象—成象—抽象的学习过程，这是一个学生自主建构的过程，是学生的认知片面但又真实的学习过程，是智慧与心灵碰撞的过程。就像学生感悟到的那样：“吴老师最好的地方就是讲课生动，不乏味，一节枯燥的复习课在她的讲课中就变成了一场游戏，一场‘小蝌蚪找妈妈’① 的游戏。生动的语言让同学们感受到了数学的乐趣，让同学们越来越想学，心情越来越快乐。”

下面，就让我们一起走近吴老师，看看吴老师在“数的整除复习”

① 此处的“妈妈”代表整除，“小蝌蚪”代表整除下的相关概念。“小蝌蚪找妈妈”的“寻母之旅”代表了数概念的“建构之旅”。

一课中，是如何让学生体悟到数学好玩的，如何让学生在课堂上流连忘返的；在“数的整除复习”一课中，蕴含着哪些不简单。

## 话题一：凌乱的数变成有关系的“一家人”
## ——借助网络图，培养学生的结构化思维

【主持人】网络图可以把知识“串点成线，织线成网”，可以帮助学生形成系统的认知结构。在“数的整除复习”一课中，吴老师引导学生发现因数、倍数、质数、合数等零散概念之间的逻辑关系，把凌乱的数概念变成了有关系的“一家人”。

【陈老师】吴老师的这节复习课纯朴而有营养。这节课刚开始的时候，我一边环视着整个课堂，一边在头脑中对后面的教学情形进行着预演。“小组汇报—完善网络图—进行变式练习”，心底不由萌生出一种念头：“这节课该不会也落了俗吧？”汇报开始了，面对那么多老师听课，学生自然心生胆怯，不敢举手发言。吴老师请出了第一组学生，精彩也就由此而生，她适时地对第一组学生给予了发自内心的鼓励和表扬，现场气氛一下子活跃起来。没有绚丽的画面，没有华美的语言，但就是这样一节原汁原味的纯朴的数学课，让学生们学到了既好吃又营养的数学。吴老师对知识间的内在联系、小组间的合作技巧、交流中的自信表达等细节的引导，滋养着学生学好数学的勇气与能力。

【王老师】这一点我的体会也特别深。吴老师善于抓住“第一个”，为学生树立榜样。第一组学生汇报了奇数与偶数的关系，吴老师时而隐退观望，时而浮出适度点拨，小组成员几经商榷，很快将 2、奇数、偶数三者之间的关系有理有据地板书在黑板上，学生感悟到原来表示

关系是可以用画线的方式来表达的。吴老师抓住这一时机，对第一组学生给予了来自朋友式的发自内心的鼓励和表扬，现场气氛一下子活跃起来，学生们忘却了紧张，忘却了胆怯，都积极参与到交流与探讨之中。教学现场时而掌声雷动，时而笑声阵阵，我深深地被吸引了。

【刘老师】这节课中，吴老师自然又巧妙地抓住了学生的困惑。“因数到底放在哪里呢？”这个环节，有力地突出了数概念之间的内在关联和逻辑性。（详见前文第 85~87 页的“镜头六”）

整除中“因数”这个概念只有一张卡片，可是第三组学生发现因数跟质数、合数有关系，第四组学生又发现因数跟公因数、最大公因数也有联系。吴老师一句“怎样想一个两全其美的办法，把它们勾画在一起呢？”，激发了学生的主动思考。之后就出现了学生写因数—画箭头—调整箭头方向的一系列学习。吴老师把归纳整理的主动权完全交给了学生，在学生调整他们思维方向的时候耐心等待，最大限度地发挥了学生的创造性。“是这样吗？为什么？”“你是怎么想的？”“你们还有问题吗？” “质数和质因数有什么区别？质数和互质数有什么不同？”吴老师恰到好处的引导，把学生引向更深刻的思考、更激烈的辩论、更深层次的辨析。学生之间相互交流，相互提问，相互启发，最终学生们发现了“因数”概念和其他概念的关联性，使因数、公因数、最大公因数，因数、质数、1、合数这些看似没有关联的概念，形成了条理化、系统化的网络图。在此基础上，学生举一反三，发现了倍数、公倍数、最小公倍数的内在联系，当因数和倍数两条思维主线对称地摆放在黑板上时，学生体验到了“柳暗花明又一村”，感悟到了因数和倍数概念的内在关联，打通了“隔断墙”，真正从整体上理解和掌握了知识之间的关系，感受到了数学知识的逻辑性和系统性。

【王老师】我对两个小组都要用到“因数”的概念这个环节印象

也特别深刻。两个组都想用因数，怎么办？在吴老师的引导下，最终学生想到了两全其美的办法，就是用一条线把它们连接起来。其实通过找知识间的联系解决矛盾的过程，就是沟通联系的过程，整个过程吴老师没说一句找联系，但学生的学习能力在润物细无声的情境中有了提高。最终这节课的学习使学生深刻地感受到由点连线、由线连面、由面围体的归纳方法。同时也教育我，要做到课堂上的游刃有余，教师对教材要有大单元意识，只有系统把握教材，抓住核心概念，课堂上才能引导学生从整体的高度来认知，才能让学生在自主体验中感悟核心概念“承重墙”的价值。

【陈老师】关于复习课，许多老师的头脑中已经形成了固定的教学模式：课前小组自主整理—课上小组合作完成网络图—小组汇报交流—巩固练习。整节课下来，不会的学生还是不会。这不禁引发我的思考：怎样让学生真正体验到网络图的价值？

【刘老师】老师们课前有个共同的困惑：网络图的价值到底在哪里？黑板上有个完整的网络图就说明学生对零散的知识有系统的认识了吗？学生如何在复习的过程中掌握复习的方法？吴老师的课让我们对这些问题有了深刻的认识。《盲人摸象》这个寓言故事出现在吴老师的课堂上，给了我极大的震撼。

网络图编织好了，吴老师又画龙点睛地引导学生们欣赏自己的劳动成果。学生们经历了由模糊到清晰、由疑惑到顿悟、由割裂到联系、由片面到全面、由感性到理性的认识过程，收获了思维的碰撞、方法的启迪、交流的魅力、顿悟的欣喜、满足的欢欣！

【陈老师】《盲人摸象》的背后，是吴老师对教材娴熟的整体把握，还有对学生学习规律的准确把握。复习课上的知识是学生已经知道的，对学生来说，少了新授课探究的新奇，复习课难上成为老师们的共识。

“数的整除”这一单元，概念不仅多，而且距离学生的实际生活还较远，抽象的概念让学生望而生畏。这节复习课，吴老师牢牢地抓住学生的心，在读懂学生的基础上，引导学生建构起了知识网络图。

【刘老师】“复习课最难上。”这是许多数学教师经常发出的感叹，它既不像新授课那样有“新鲜感”，又不像练习课那样有“成就感”。有的老师常常问“为什么上复习课？”“上复习课要达到什么目标？”，还有的老师上过复习课后，感觉学生会的依然会，不会的依然不会。我们该如何上好复习课呢？

我和陈老师有同感，这节复习课上吴老师始终抓住学生的心，唤醒学生主动探究的热情。吴老师上课伊始，就让学生选择学习方法，就这一招，可见吴老师对学生的了解有多透彻，吴老师懂得学生在众多人面前的心理——“我能行，我要自己先试一试”。吴老师正是抓住了学生的心理，读懂了学生，所以上来就放手，尊重了学生自己的选择，再通过小组合作学习的方式引导学生把概念串成线、编成网。小组汇报学习结果时，吴老师这样说：“我们不求全，能说一组也罢，两组也罢，都没关系。”我们都知道，复习课构建单元知识网络图，重在全面、完整，但是儿童的思考有的时候就是不全面、不周到的，吴老师直面儿童的认知特点，一个“不求全”，就彻底把学生的心理负担降了下来。结果一组一组的学生纷纷走上讲台，用线把一个个零散的概念连起来，一幅心与心交流、思想与思想碰撞的网络图就这样完成了。

【王老师】吴老师对学生的评价是发自真心的。我在思考，课堂上我们要的答案学生总能回答出来吗？这就需要教师的评价引领。当学生的表达不完整，甚至我们大多数老师不知道孩子在说些什么、想些什么的时候，吴老师能把孩子的话“翻译”出来，把学生想表达但表达不清楚的话说出来，这一点非常值得我学习。比如说当学生犹豫着“因数和公因数、最大公因数有关系，因数和质数、合数也有关系，因数到底放在哪儿呢？”，吴老师一句“人家把因数放在那儿了，你们把因数放在这儿了，因数到底放在哪里？怎样想一个两全其美的办法，把它们勾画在一起呢？”，一语道破学生的困惑点。吴老师那着急的神态、真切的话语，显示地分明就是这个小组中一名善于思考、善于发现问题的学习伙伴啊！在吴老师的启发下，学生修改了箭头的方向，把因数放在了“共有”的位置上。这样的例子还有很多，吴老师总能把问题展现在课堂上，能放大学生资源，引起学生共鸣，充分地发挥了教师评价引导的价值。

【陈老师】我和王老师有同感。吴老师的这节复习课和学生“玩真的”。什么是真的？怎样才叫“玩真的”？我想，就是吴老师经常说的：“只有教师脑中有知识树，对课堂教学才能心中有数，教法上才能更加有术。”教师必须深入挖掘教材，只有把教材钻研得深，课上起来才能简单、得心应手。只有真正把握教材的编写意图，才能吃透教材，也才能实现对教材的必要超越，有效教学也才不至于成为无本之木、无源之水。就像吴老师说的那样：好课不是说出来的，不是模仿出来的，一定是从心灵深处流淌出来的。好教师也是在长期的教育教学实践中磨砺出来的。要想真正地上好一节课，就要和学生“玩真的”。

【主持人】对我们小学数学教师来说，不仅要理解每个知识点的内涵、外延，更重要的是对教材的整体、系统把握，从大单元的视角发现知识的“承重墙”。然而，再看看我们的课堂，由于我们缺少对教材的整体把握，“底气”不足，生怕学生游离于自己的预设，导致课堂上放不开，缩手缩脚也就不足为奇了。吴老师借助网络图，把凌乱的数概念变成有关系的“一家人”，在这个过程中培养了学生的结构化思维。从吴老师引领学生整理网络图的过程中，我们知道了，读懂教材是前提，了解学生是关键，引导学生主动参与是核心，吴老师是这样说的，也是这样做的。

**吴老师教学艺术解密**

**让教材、学情心中有数**

1. 整体把握教材，教师心中有结构。教学中，我们可以通过阅读某版本全套教材，全面地了解教学内容；通过主题性的单元阅读，沟通知识之间的前后联系；通过不同版本教材的对比阅读，厘清重点，相得益彰；通过学生的生成性资源，完善教材，超越教材。

2. 在游泳中学会游泳，学生在亲历探究中理解结构。探究前，明确探究的问题，如：“怎样把这些零散的概念编织成有关系的网络图？”；探究中，教师参与学生活动，同时给予必要的指导；探究后，在学生探究成果的基础上，教师总结概括提升。

3. 善于抓住学生学习过程中的“第一次”表现。在学生梳理第一组概念“奇数和偶数”过程中，充分地给方法，如“一个人主讲，两个人帮忙，交流的时候眼睛既要看黑板，也要看同学”；充分地给时间，给学生思考的时间、交流的时间、反思的时间。

**话题二：“这个‘知识链’是我们自己总结出来的！”**
**——改变学习方式，把学习的主动权交给学生**

【主持人】吴老师的儿童数学教育，让学生独立思考，自主探究、合作交流的空间很大，让每一个儿童都有机会表达自己的想法，让每一个儿童的潜能都能得到发展。在这节复习课中，吴老师是怎样“读懂儿童”的？又是怎样把学习的自主权真正交给学生的？

【王老师】吴老师把归纳整理的主动权完全交给了学生，最大限度地发挥了学生的创造性。学生之间相互交流，相互提问，相互启发，学生的思维一次次碰撞。吴老师的有效追问、恰到好处的引导，帮助学生把记忆中孤立的、分散的、无序的、模糊的概念，以再现、归纳、整理等方法，穿成了线、连成了片、结成了网，纵横沟通，形成了条理化、系统化的网络图，学生从因数和倍数等概念的复习中，真正从整体上理解和掌握了知识之间的内在联系，感受到了数学知识的逻辑性和系统性。

【刘老师】非常赞同你们的观点。在整理知识体系时，吴老师放手让学生以小组的形式整理、汇报。在整理、汇报时，学生暴露了自己的认知困惑，通过生生交流、师生交流，真正达成了知惑、解惑的目的，学生也经历了由不会到会的认知过程。在这个过程中，学生获得了成功的情感体验。吴老师相信学生，给学生足够的自主探索空间，把教师的讲台变成学生展示才华的舞台，学生在这样富有活力的舞台上，不光学到了知识，而且学到了数学思想和方法，情感、态度、价值观也得到了培养，达到了既教书又育人的目的。

【陈老师】就像你们谈到的那样，吴老师用一只无形的手，托着学生，引导着学生。在这节课上，吴老师非常注重小组合作，但她的小组合作与众不同：小组一名成员讲解，一名执笔连线。吴老师有时作为小组中的一名成员参与其中，但她不用自己的归纳代替学生的整理，整个过程就像是在和孩子们聊天。在平等、民主、和谐的学习氛围中，学生积极、主动地参与复习的全过程，吴老师引导学生自主发现因数和倍数之间的横纵联系，使学生对这一单元基本概念的理解更加深刻、系统和全面。

【王老师】初次听“读懂教材”这句话时，我就想：谁读不懂教材呀？教七年多书了教材还搞不懂，这有什么可说的？今天听了吴老师的课，我领略到了“读懂教材”的深刻含义。吴老师一开始就能放手让学生自己做，一方面是她相信学生，但更多的是她对整数、奇数、偶数、因数、倍数、公因数、公倍数、最小公倍数、最大公因数、质因数、分解质因数、质数、合数、互质数这些概念的把握很准、很透。我们之所以放不开，是怕学生跑出我们预定的轨道后拉不回来。我们都认为自己读懂教材了，但教材中还有许多我们读过但还未曾读懂的东西，我们需要有思考地阅读。

【刘老师】吴老师能用孩子的眼光去看待孩子，用孩子的价值观去理解孩子，吴老师的课堂是“儿童的数学课堂”。这节课中有吴老师让学生选择学习方法的环节——刚一开场，吴老师就把学习的主动权交给了学生。这源于她对孩子们的了解——愿意做有挑战性的事，也充分体现了她对孩子们的信任。课后学生们接受采访时非常兴奋地说：“我觉得我们的选择很明智！”“我们自己整理，这让我发现了我的能力！”“我觉得我们很棒，敢于挑战自己。”

当时我就有一种非常温馨的感觉：吴老师多么理解孩子啊！我要是她的学生我也愿意来做这件事。这么善解人意的老师，学生们怎能不喜欢呢？她又是多么了解学生的知识基础啊，退回到学生的认知起点提要求，学生会觉得我真的愿意做，我能做，也一定能完成。正像学生们自己所说：“我们的想法不完整，我没觉得难过，因为后来我会了！”“我找到了更好的方法，我非常高兴！”吴老师读懂了孩子的知识基础，读懂了孩子们喜欢的学习方式。

【王老师】今天在吴老师的课堂上，我们看到了百家争鸣，学生全员式地参与。在知识学习中，学生自主选择学习的方法和内容，总之一切由学生自己做主。这一转变改变了学生被动接受、教师教什么学生学什么的习惯。教师教学由“注入式”向“启发式”转变，教师在课堂上充分“相信学生、利用学生、发展学生”，使课堂成了“艺术课堂”，让学生“享受快乐”。

【陈老师】从吴老师的课堂中，我最大的体会是：学习结果可以告诉，学习经历不能代替！学生需要在做中学、在尝试中学、在体验中学、在试错中学，在不断地思考、倾听、接纳、反省中实事求是地学。吴老师为学生搭建了深度学习的平台，站在学生的角度思考问题，在课堂上更多关注了学生，在学习进程中了解着学生，根据与学生互动交流过程中的自然生成，不断调整自己的教学设想。不是老师牵着学生走，而是老师随着学生动。就像学生在课后花絮中写的那样：“这些知识是我们自己总结出来的，我感受到了学习数学的真正快乐！”这就是名师的功底、名师课堂的独特魅力所在！

【主持人】吴老师在改变学生学习方式，把学习的主动权交给学生方面，有三点值得我们学习：第一，小处着眼，深刻理解。吴老师紧紧抓住“因数”这个牛鼻子，引导学生发现并理解了因数、公因数、最大公因数的内在联系，进而理解倍数、公倍数、最小公倍数。第二，大处着笔，系统理解。一句貌似不经意的“坏了，坏了，因数到底该放在哪里？”驱动学生主动思考，主动发现，在勾连中体会并理解“因数”概念在众多概念中“牵一发而动全身”的重要性。概念间的关联、单元意识的渗透，都在润物无声地影响着学生。第三，把学习的主动权交给学生，首先需要明确学习目标；其次设计与目标相匹配的数学活动；再次活动要慢下来，舍得给学生探究的时间；最后探究过程还需要发挥评价的导引作用。

吴老师教学艺术解密

"装傻"的艺术

1. 教师退后，引导学生主动学习是一种智慧。课始，通过情境创设，让学生自主选择学习方式，激发学生的学习愿望；通过自主选择，给予学生"试一试"的权利；通过"整理整除单元知识网络图"的任务驱动，调动学生"我能行"的内在潜力。

2. 教师"装傻"是一门学问。在知识核心处"装傻"，通过对"象头是谁？为什么把整除这个概念作为象头？"等问题的探究，让学生亲身体验"承重墙"的价值；通过"因数放在哪里？"等问题探究，在知识交叉点处"装傻"，让学生亲历发现网状知识的内在关系；通过"互质数怎么办？"等问题探究，在知识易混淆处"装傻"，让学生亲历数学思维深刻性的成长。

**话题三："我不再是个木头！"**

**——关注全体，尊重学生的个性差异**

【主持人】课堂要面向全体学生，在吴老师的课堂上总能有真实的回应。一句"对不起，一直没有关注到你们组"，上演了如何关注瘦男孩和胖男孩的精彩一幕。在课后，学生发自内心地用文字写出："我不再是个木头！"在这节复习课上，吴老师是怎样关注全体，尊重学生的个性差异的？吴老师的课对我们有什么启发呢？

【王老师】我对吴老师整节课"不求全"的教学思想感触最深，

我认为这是吴老师“儿童数学教育”的真实体现。我们在日常教学中，曾经很认真地去做前测，去做调研。这节课的难点很突出：“概念多、难区别、难记忆”“复习课效果不明显”。但是当我们清楚地知道学生存在的问题，在讲解的时候总还是觉得没有深入地解决这些问题。当我听了吴老师的课，才真正明白了什么是读懂学生。

课始吴老师就提出以小组为单位对这些概念进行整理，“整理时……我们不求全，能说一组也罢，两组也罢，都没关系。大家在一起交流，我们就会有意外的收获。”“不求全”三个字，要求不高，也很简单，每一个学生心里都能够接受这个要求，都有想参与的愿望……。从知识到能力到要求，吴老师都说到了学生的“心坎上”，“穴位准”。从骨子里解读学生、理解学生、读懂学生，这就是吴老师。

因为可以不全，所以学生敢说、敢思考、敢展示、敢争论。课堂由此产生了良好的互动效果，枯燥的复习课反而活跃起来了。整堂课学生都在思考，在不断校正思维，真正实现了以学生为主体的课堂教学。教师也起到了主导作用，是“以学定教”如何在课堂教学中实施的一个活案例。

【刘老师】吴老师对学生的欣赏是发自真心的，这是吴老师“善解人意”的品质使然，是她热爱儿童的真情流露。吴老师和第一个小组的互动交流打动了我。（详见前文第83~84页“镜头三”）

吴老师抓住第一组出色的整理，真心赞扬孩子们。而对于暂时有错误认识的孩子，吴老师不仅给他们自悟的时间，还欣赏他们不随波逐流、实事求是的学习态度。当时，第二组学生经过吴老师的引导，在黑板上把合数和质因数这两个概念连上了线，并画出了箭头，吴老师由衷赞叹道：“这一笔加得好，加出了重要关系！”（详见前文第

85页“镜头五”）

“这一笔加得好，加出了重要关系！”多么自然！让我们看到了什么叫爱从心底流淌！

吴老师的欣赏来得自然，来得具体，来得真切，来得理性！她欣赏孩子们的勇敢，欣赏孩子们的批判精神，更欣赏他们对概念清晰的认识和概念间联系的自主建构以及对数学学习方法的灵活运用！这样的学习环境，是对学生真实的尊重。正因为这样的学习环境，激发了全体学生学习的主动性和积极性。

【陈老师】吴老师对学生的尊重是真实的，更是务实的。在这节课上，吴老师敢于让学生出错，巧妙地利用学生的错误，因势利导使学生从不会到会，从模糊到清晰，使“学生的错误”成为学习的宝贵资源。在这方面吴老师为我们一线教师做出了精彩的诠释。课堂上有这样一个环节，让学生充分体验到了课堂上允许出错，出错原来不可怕。（详见前文第84~85页“镜头四”）

出错的孩子在真实的体验过后写出了这样的话：“在我们有错时，吴老师给我们一些提醒，让我们自己找出错误并改正过来。我感受到了吴老师为何能成为很好的教师。”“在吴老师的课上，可以很放松，我们可以没有顾虑地说出自己的想法，给我印象最深的是我旁边的同学说错了，但是吴老师没有批评他，而是表扬了他，说他勇敢，能说出自己的看法。我以前上课外的英语课时，用错了语法，老师狠狠地批评了我，我以后再上那个英语老师的课时就再也不敢举手发言了。”

孩子幼小的心灵是多么脆弱，也许不经意间我们就无意识地伤害了他们，一个轻易的否定就造成了孩子终身的遗憾！吴老师在课堂上从不轻易否定孩子，认定孩子们说真话比说正确的话更有价值。

【王老师】为什么上完吴老师的课，学生会久久不愿离去，和吴老师有说不完的心里话？是吴老师的教学魅力吸引着他们，是吴老师心与心的交流感染着他们，更是吴老师的真情打动了他们。一个个期盼的眼神，一句句亲切的鼓励，一个个贴近孩子的“顽皮”的动作，无不体现吴老师对学生的尊重，这份尊重让孩子们感到就是一个大朋友在和他们一起在知识的海洋里自在遨游，没有恐惧，没有担心，没有距离，这一切不正是吴老师用她的真心换来的吗？对学生、对同事、对朋友、对家人，吴老师都在用她那颗朴实无华的心对待。为人师要先学会做人，这正是我们做教师需要修炼的。

【王老师】复习课是很难上的，尤其是概念复习课，但是吴老师却用了具体化的方法让学生享受学习的过程，就像她曾经说过的，要用数学知识本身的魅力给予学生动力。整个教学都是在对比中完成的，她把容易混淆的概念故意放在一起，设置圈套，利用形象化的手段让学生在辨析中弄清概念的本质与内涵，就连她叫上去回答问题的学生都是反差很大的一高一矮、一胖一瘦。吴老师关注学生个性，善于发现学生的潜能，让学生在欢歌笑语中感受做学习小主人的乐趣。

【主持人】吴老师理解儿童的思维要经历从表象走向本质、从片面走向整体的过程。“不急”“不求全”体现出的是吴老师对儿童学数学的理解与悦纳。在探究过程中，吴老师说儿童听得懂的话，或点拨，或激励，或质疑，或暗示，在互动交流中激活儿童的原有认知，唤醒儿童对未知的好奇与探索。听吴老师的课，我们要通过观看教学现象，领悟那些看不见的东西，如教育追求、教学思想和教育方法。

从吴老师的课堂，我们能领悟到什么呢？吴老师在这节复习课中都运用了哪些有效的教学策略呢？

【陈老师】吴老师上课总能迅速进入状态，善于使用“发展性评价策略”，比如前面讨论过的“这一笔加得好”。

学生不仅厘清了合数与分解质因数的内在联系，更重要的是在自主建构认知结构的过程中，掌握了学习方法，这样的过程带给学生的是学习能力的形成与提高。学生在轻松、愉悦的学习氛围里，培养了数学的情感、态度、价值观和理性精神。

【王老师】吴老师这节课还有一个非常突出的策略，就是即时评价策略。当学生反馈合数都能分解成几个质因数相乘时，吴老师问道：“同意他的想法吗？”大多数学生都点头表示同意，只有一名学生高举着小手，吴老师没有回避，而是和蔼地让他站起来说说自己的看法。当这名学生站起来大胆地把自己的想法表示完之后，突然就意识到自己的想法是错误的，马上就不好意思了，这时吴老师评价道：“没有点怀疑的态度怎么进步呢？老师很欣赏你、佩服你！”听后这名学生大方地坐下了。课后老师采访这名学生时问道：“你学习时出现了问题难过了吗？”这名学生微笑着回答：“不难过！”

“别急，再想想，你一定会说好！”“你的回答很完整，只要在这个地方再改一改，那不就更好了吗？”这样的评价语言在吴老师的课堂随时可以听到。它虽不是蜜，但可以甜到学生的心里；它虽不是磁，但可以吸引学生的思维。

## 吴老师教学艺术解密

### 探究重过程，结果不求全

1. 先局部再整体。在这个过程中，充分尊重学生对知识全局认识的不全面，允许学生的认知是整体中的某一方面。就像本节课那样，引导学生从最容易理解的奇数和偶数关系入手，层层深入，借助《盲人摸象》的寓言故事，引导学生发现“整除”概念的核心位置，形成完整的知识结构图。

2. 降低门槛，从“小”做起。降低学的门槛，从直观形象入手；降低整体归纳整理的门槛，从小知识点发现关系，建立结构；降低说的门槛，从想说、敢说开始，逐步学会说。

3. 允许出错。直面学生在思考、表达、操作等活动中出现的错误，理解学生的疏忽与不完美。借助生生互动、交流评价等方法，及时纠错。

4. 即时评价。针对学生探究过程中的生成，教师及时给予回应与评价引导。例如，“这个小组开局不错！”既肯定这一组的学习效果，又激励其他组勇敢探究；“这一笔加得好，加出了重要关系！”在肯定的同时，导引学生关注概念之间的联系。每一句评价都体现出即时性、时效性。

【主持人】从这节复习课中，我们看到了吴老师对儿童数学教学“至真”的追求。吃透教材，抓住数学本质，理解学生，激发创造性，体现出了吴老师数学课堂教学的真功夫。真心地欣赏、表扬（或引导）学生，是吴老师“善解人意”的品质使然，是吴老师进行儿童数学教育的真性情。真情投入，学生情绪倍受感染；适时“装傻”，引起学生对问题的深入思考，引发学生思辨。这就是吴老师儿童数学教育智慧中的真智慧。

吴老师的这节“数的整除复习”，充分发挥学生的主观能动性，让学生积极主动地参与复习的全过程，使学生对知识的理解更加系统和全面。学生在交流的过程中，展示了自己的智慧，收获了老师、同学的鼓励与尊重，感受到了自身的价值。在今后的教育教学活动中，我们也应该向吴老师这样：不断挖掘数学本质，帮助学生形成完整的知识体系，在学生心中种植枝繁叶茂的小学数学之“树”。只有这样，才能真正实现脑中有“树”，心中有“数”，教学有“术”。

# 四

# 吴老师开讲

吴老师开讲

## 从儿童视角走进“数的整除”

“数的整除”单元内容被称为小学数学中的“文言文”，抽象且枯燥。内容的晦涩与小学生认知特点形成很大的反差，使得这部分内容的教学成为很多一线教师认为的“硬骨头”。由于内容抽象，不好理解，学生在学习中就会出现很多问题，如：这部分知识概念多，长得又很像，特别容易弄混，有什么好办法把它们区分开呢？学习这部分内容有什么价值呢？尽管在本书前面的一些课例以及老师们的互动讨论中已经对这些问题做了回应，但在这里还是想把我对这部分内容的思考与感受和老师们进行交流，真诚地希望能激起涟漪，引发大家更深入的思考。

### 一、建立单元整体结构，让数学学习有“根”

在学习数的整除相关内容时，学生总会产生这样的疑问：为什么今天学的因数和以前学的因数不一样？倒是可以记住“此因数非彼因数，此倍数非彼倍数”这个结论，可是还想知道为什么。为什么 1 既不是质数也不是合数？同样记住这个结论不难，可是还是想知道为什么。还有，51 明明是奇数，怎么还是合数呢？……在这些看似不成问题的问题背后，藏着怎样的秘密？学生的问题与“数的整除”单元内容的本质有怎样的联系？深挖知识产生的本源，知晓知识系统的来龙去脉，才能有的放矢地实施教学。

## 寻求问题背后的“真相”

被称为“小学数学中的‘文言文’”的“数的整除”单元到底有哪些“特殊之处”，让老师和学生望而却步？揭开它的“神秘面纱”才能寻求得当的对策。

### 1. 过于形式化的“外衣”让学生不易理解

数学知识的抽象与小学生的形象思维是一对天生的矛盾。整个“数的整除”单元尽管精简了学习内容，但仍然是以抽象的概念为主体。例如，质数的概念——一个数，如果只有 1 和它本身两个因数，那么这样的数叫作质数（或素数）；合数的概念——一个数，如果除了 1 和它本身之外还有别的因数，那么这样的数叫作合数。可以看到，这些概念都是从整数到整数、从概念到概念，学生理解起来着实困难，难免生成“为什么 1 既不是质数也不是合数”的疑问。

### 2. 学习的内容远离实际让学生不易亲近

为了缓解数学的抽象和儿童的形象思维这对矛盾，直观支撑、联系实际应该是教学中的两大利器。然而在“数的整除”单元的教学内容中，富含这两方面的要素又显得尤其单薄。似乎很多概念“直观”不起来，也难以找到实际生活的“影子”。例如，在学习公因数和公倍数之后，学生需要解答这样一道题目：五年级（1）班的同学参加队列表演，男生有 16 人，女生有 24 人，把男生和女生分成若干小组，每组男生人数和女生人数相等，每组最多有多少人？

对于这道题目，二年级的学生通过动手操作、不断尝试，能够顺利地进行解答。然而学完了“公因数”“公倍数”等内容之后，学生反而会丢掉直观操作的程序，套用一知半解的概念，直接采用所谓的“妙招”进行解答：如果看到“最大”“最多”等词一般是求最大公因数，如果见到“至少”“最少”这样的词一般是求最小公倍数。这种疏于理解、机械套用公式的做法源于学生没有把概念和生活实际建立必要的关联。

## 厘清“数的整除”单元学习的价值

既然“数的整除”是小学阶段数学课程中不可或缺的内容，是学生绕不过去的学习的必要环节，那么明确教学的目的、意义也就显得尤为重要。

### 1. 为学习分数相关知识提供支持

“数的整除”单元内容一般安排在五年级“分数的意义和性质”内容之前，显然它是学习分数相关知识的基础。比如，在学到约分的内容时，需要用到因数和公因数的概念，以及 2、5、3 倍数的特征；学习通分的内容时，需要用到公倍数、最小公倍数的概念；等等。既然“数的整除”单元的内容与后续学习“分数的意义和性质”关联如此密切，那么这个根基必须打牢。

2022 版课标明确提出这部分的内容要求为：“知道 2，3，5 的倍数的特征，了解公倍数和最小公倍数，了解公因数和最大公因数，了解奇数、偶数、质数（或素数）和合数。”① 与之相关的学业要求为：“能找出 2，3，5 的倍数。在 1~100 的自然数中：能找出 10 以内自然数的所有倍数，10 以内两个自然数的公倍数和最小公倍数；能找出一个自然数的所有因数，两个自然数的公因数和最大公因数；能判断一个自然数是否是质数或合数。”②

---

① 中华人民共和国教育部 . 义务教育数学课程标准：2022 年版 [ M ] . 北京：北京师范大学出版社，2022：23.

② 同① 24.

### 2. 学习有关“初等数论”最初步的知识

“数的整除”这部分内容属于“初等数论”的范畴。自然数的产生，使得众多的数学家对其特征产生了浓厚的兴趣。数学家们经过长期的探索，发现了自然数的众多特性，研究这部分内容不仅具有理论价值，其方法和结果在实际生活中尤其是在科技发展中都有着广泛的应用。在小学数学教材中就涉及一些关于自然数性质的内容，如因数、倍数，奇数、偶数，质数、合数，等等。数的整除是在除法的基础上研究的，相除的两个数是整数且除得的商也是整数而没有余数，则为整除，“数的整除”单元的概念都是由除法运算衍生出来的。

### 3. 渗透数学思想方法的良好契机

数学知识是数学思想方法的载体，数学思想方法是数学知识的进一步提炼和概括。“数的整除”单元中蕴含着重要的思想方法，每一个概念都蕴含着它形成的过程。学生在这个单元的学习中，不但要学习一些有关整除的基本概念，知晓概念之间的紧密联系，同时在经历这些概念的形成过程中，还可以培养数学抽象、代数推理能力。

数学抽象是数学学科重要的基本思想，而分类是实现数学抽象的重要方法。分类的过程就是对事物共性的抽象过程。教学活动中，要使学生逐步体会为什么要分类，如何分类，如何确定分类的标准，在分类的过程中如何认识对象的性质，如何区别不同对象的不同性质。在“数的整除”单元中蕴含着大量的分类思想。

例如，在人教版教材中学习因数、倍数概念时，学生要根据算式的特点进行分类，从而引出因数、倍数的概念；以是否为 2 的倍数为分类的标准，引入奇数和偶数的概念；以因数的个数为分类的标准，又把正整数分为三类，引入了质数、合数的概念……

2022 版课标指出：“推理意识主要是指对逻辑推理过程及其意义

的初步感悟。知道可以从一些事实和命题出发，依据规则推出其他命题或结论；能够通过简单的归纳或类比，猜想或发现一些初步的结论；通过法则运用，体验数学从一般到特殊的论证过程；对自己及他人的问题解决过程给出合理解释。推理意识有助于养成讲道理、有条理的思维习惯，增强交流能力，是形成推理能力的经验基础。”[①] 在“数的整除”单元教学中，要引导学生用列举、计算、归纳等方法，探索 2、5、3 的倍数的特征，理解公因数和公倍数等概念，逐步形成推理意识。本单元教学是发展学生推理意识的良好时机。

例如，人教版教材中 2、5、3 倍数的特征内容，都是通过给百数表圈出符合要求的数并进行观察，初步归纳出结论。在这个过程中可以适时渗透归纳、推理，同时在教学中通过不断追问，引导学生有理有据地思考问题，发展学生的推理意识。

在学习 3 的倍数的特征时，善于思考的学生会提出这样的问题：为什么一个数各数位上的数的和是 3 的倍数，这个数就是 3 的倍数呢？面对学生的生成性资源，教师要有意识地“捕捉”，同时“胸有成竹”地为学生推理意识的培养“搭台”。在这部分内容的学习中，要发展学生的推理意识，同时结合五年级学生的年龄特点，引导学生利用小棒的直观演示，感悟自然数的多元表征，问题便在好玩、直观的活动中得到化解。为突出知识的系统性、整体性、一致性，有意识地让学生对 2、5、3 倍数的特征进行沟通、对比，学生找到了知识之间的联系，学到的知识是在“见树木，更见森林”的状态下完成的。

由此可见，面对学生的问题，我们绝不能视而不见，任其“知其然，不知其所以然”，要保护好学生的好奇心和求知欲。要给他们提供充分

---

① 中华人民共和国教育部. 义务教育数学课程标准：2022 年版 [M]. 北京：北京师范大学出版社，2022：9.

的探索时空，在帮助学生寻找“柳暗花明又一村”的路途中逐步学会推理、讲理，学会概括、抽象，做一位会讲理的数学学习者。因此教师要深入了解教材的意图，巧妙地进行加工，在课堂教学中渗透推理意识。

语言表达也是发展学生推理意识的有效途径。比如，判断 154 是不是 2 的倍数，学生要经历演绎推理三段论的过程：个位上是 0、2、4、6、8 的数是 2 的倍数（大前提），154 个位上的数是 4（小前提），所以 154 是 2 的倍数（结论）。当学生能清晰地表达出这其中的演绎推理关系，推理意识就获得了有效发展。

发展学生的推理意识不是一蹴而就的，教师要站在培养学生关键能力的制高点俯瞰每一个教学内容，既仰望星空又脚踏实地，使关键能力的培养在每一节课中落地扎根，而不是一句空话。

## 建好“承重墙”，打通“隔断墙”

“所谓深度学习，就是指在教师引领下，学生围绕着具有挑战性的学习主题，全身心积极参与、体验成功、获得发展的有意义的学习过程。在这个过程中，学生掌握学科的核心知识，理解学习的过程，把握学科的本质及思想方法，形成积极的内在学习动机、高级的社会性情感、积极的态度、正确的价值观，成为既具独立性、批判性、创造性又有合作精神，基础扎实的优秀学习者，成为未来社会历史实践的主人。”①

进行深度学习是在教师的引领下，学生在围绕着有挑战性的学习主题的体验中完成的。学生学习的内容应该是单元的核心知识，同时要以此为契机让学生在获得核心知识的同时掌握必要的思想方法、关键能力，培养学生的核心素养。

---

① 刘月霞，郭华．深度学习：走向核心素养：理论普及读本［M］北京：教育科学出版社，2018：32.

按照概念之间的生长线，“数的整除”单元概念之间存在着密切的联系，清晰地把握概念之间的联系才能系统地把握概念间的认知结构，使每一个新概念都是建立在原有概念之上，概念之间是有联系、有结构的。整体把握概念的纵向联系与横向联系，建立起纵向和横向的概念系统后，学生学到的知识才是有生命力的，这样学到的概念有利于学生进行知识的迁移。本单元概念之间存在着这样的认知结构：

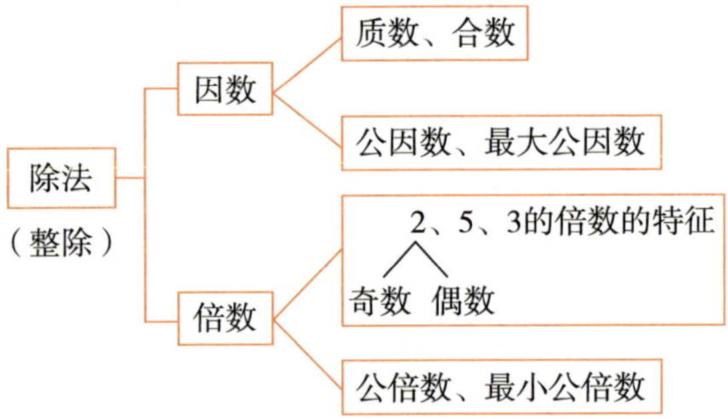


尽管“数的整除”单元中概念是零散的、抽象的，但深入把握其本质，就能准确地梳理出除法（整除）“承重墙”的地位，其他概念都是由此衍生出来的，它们之间是枝与干的关系。凸显本单元概念“承重墙”的地位，抓住概念之间的关系，就抓住了单元的整体结构。

进行深度学习是建立在知识系统联系的基础上的。本单元的学习与整数的认识、十进制计数法、乘法等知识之间联系紧密，同时将为学习约分、通分、解决问题等相关知识打下坚实的基础。因此，学习本单元的概念，还要打通原有概念、后续概念，以及本单元概念之间的联通，打通这些概念之间的“隔断墙”，使每一个概念都不是独立存在的，是前有因缘、后有关联、中有主次的，打通这些概念之间的“隔断墙”，就会突破学生认知的局限，让学生的学习更具系统性、整体性、结构性。（见下页图）

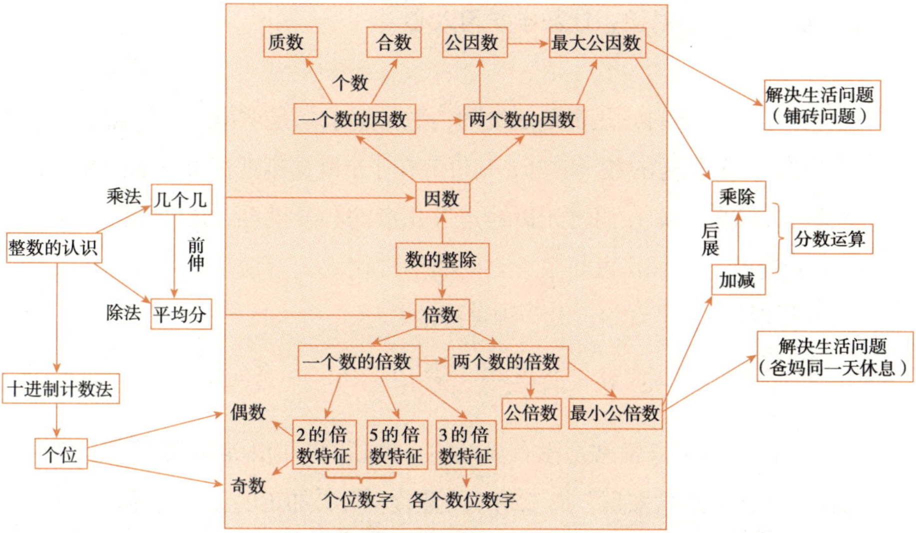


数学教学绝不是单纯的知识传授，教学中既要关注基础知识和基本技能，又要关注对学生学习方法的培养和智慧的启迪；既要关注学生学习的结果，还要关注对学生情感、态度、价值观的培养。我一直认为数学课堂应该是“传授知识、启迪智慧、完善人格”三位一体的“生命课堂”。因此，在教学中，不仅要找到单元知识体系的“承重墙”，还要找到其关键能力的“承重墙”、核心素养的“承重墙”。

在“数的整除”单元中，“三位一体”的生命课堂表现如下图所示。

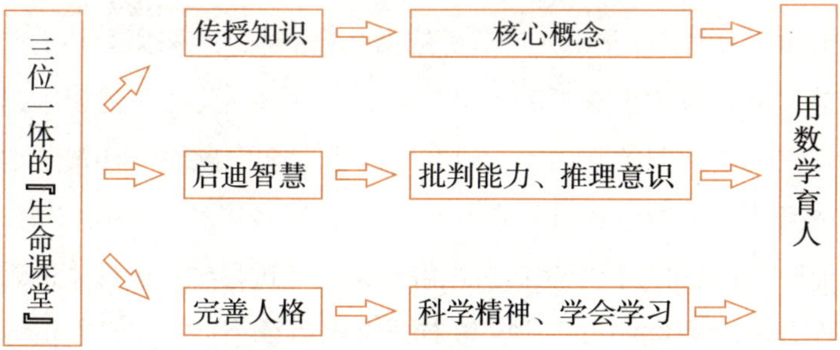

## 二、数学与儿童对接，让数学学习入心

数学是抽象的，儿童是活泼的；数学追求的是严谨，儿童需求的是有趣。一名优秀的数学教师，其价值在于：既深刻把握数学的内涵，又谙熟儿童的认知，润物无声地走进儿童的心灵世界、认知空间，用神奇的润滑剂填平儿童与数学之间的沟沟坎坎，带领儿童跨过一个又一个认知障碍，呈现给儿童一种美丽的数学。

### 儿童需求与教学路径对接

知识内容本身常常是没有温度的，教师的一项非常重要的创造性工作就是把“数学知识”加工成“儿童食材”，加工的原则就是以“儿童的需求”为核心。只有在这样的原则支撑下，才能烹调出“好吃又有营养的”儿童专享的“数学美食”。“数的整除”单元概念抽象，离学生的生活远，教师更要依托学生的需求，把“数学知识”与“儿童需求”有机地结合起来。

我一直以为，在帮助儿童获得知识和能力的过程中，没有什么比激发兴趣、保护好奇心更重要！教师如何把学生的真实情感调动起来？事实上真正激发学生学习动机的力量来自数学知识本身，是学生对数学本身深入研究，从中获得成功的乐趣。儿童的好奇心、求知欲是与生俱来的，为此，课堂引入环节可依据儿童的需求，采用有趣的情境、生活的实例、数学小故事等吸引儿童。同时引导儿童在情境中提炼出问题，在真实问题的驱动下，研究的内容就会像磁铁一样紧紧地黏在儿童的身上。“数的整除”单元中蕴含着很多奥秘，例如，“3的倍数特征”一课就可以让学生在自主解开谜底的过程中享受探索的乐趣。

在与儿童交往的过程中，没有什么比尊重个性、真诚交流更重要

的！学生的个体差异是客观存在的，这种差异就像水的落差，教师可以充分利用这个“落差”，让水流动起来，促进不同水平学生的发展。例如在“因数和倍数”教学中，通过讨论，让不同层次水平的学生在对话中把对概念的理解引向深入。

在陪伴儿童成长的过程中，没有什么比保护自尊心、自信心更重要的！孩子的自尊心、自信心值得每一位教师关注，知识今天学不会还有明天，但孩子若自尊心、自信心受到伤害，就变成了“折翼的天使”，在成长的道路上失去了原动力，这是一件非常可怕的事。只有教师真正与学生的情感“同呼吸共命运”，站在他们的立场上展开教学，学生才能获得心灵上的成长。

关注儿童的兴趣、个性，满足儿童的好奇心、求知欲，保护儿童的自尊心、自信心，在儿童至上理念的驱动下，把“数学知识”转化为“儿童食材”，这样的教学是适合儿童的，是“好吃又有营养的”。只有将儿童需求与教学路径有效对接，才能创造出让儿童流连忘返的课堂。

## 儿童语言与数学语言对接

一直以来，我认为儿童需要“能听得懂的”数学，教师要把人为制造的难点降下来，减少整齐划一、千篇一律的统一要求，鼓励儿童用原生态的，甚至是有些粗糙的语言诠释自己对数学意义的理解，同时借助儿童熟悉的语言，因势利导，引导他们完成从儿童语言向数学语言的过渡。

儿童的思维发展尚不成熟，当他们遇到抽象的、逻辑性非常强的数学体系，往往会产生一定的认知矛盾。因此，儿童需要“不太严格的数学”。“严格的不理解，不如不严格的理解”，教学时不妨退一步，不急于把“严格的数学概念”一字不差地呈现给“尚未具有严格思维”

的小学生。儿童只有理解了才会喜欢，在通往用数学语言科学表达的路上，教师不妨有意识地先点燃他们心中急需表达的儿童语言的小火花，顺应儿童的思维发展特点，慢慢地就会有“柳暗花明又一村”的豁然。

清晰记得上“因数和倍数”一课时，在总结因数和倍数的意义环节，发生了一个有趣的故事。有个小女孩说：“乘号前面的是因数，乘号后面的也是因数。”显然在这里学生没有把界定因数、倍数概念的前提条件说清楚。随后，一个小男孩进行了补充，这时我把目光转向第一个女孩并及时说道：“你的这个‘帽子’没戴全……”在孩子的欢声笑语中，他们不仅明确了因数和倍数的意义，还明白了在用数学语言表达某一定义或者规律时，就像戴帽子一样，不仅要“戴全”，还要“戴正”。

为了解决“数的整除”单元概念多且抽象的问题，教学中可以让学生循序渐进地表达，不求全；可以让学生借助直观表达；可以通过举例子的方法进行表达。

## 儿童经验与抽象概念对接

学生的数学学习是对自己生活现象的解读，只有当数学不再以板着面孔的形象出现，而是来自儿童熟悉的生活场景时，他们才会产生浓厚的学习兴趣，才会真正进入学习数学的状态，才会真正感悟到数学的魅力与价值，增强对数学的理解和应用的信心，进而体验到数学知识的产生和发展过程，激发起学习数学的热情。

例如，在“因数和倍数”一课的教学中，因数与倍数相互依存的关系对于学生来说是个理解障碍，所以学生经常会出现“3 是因数，9 是倍数”的问题。错误的表达源于对概念本质的不理解，不是仅通过教师强调“一定要说谁是谁的倍数，谁是谁的因数”就能让学生掌握的。

解决这类问题的一个“秘籍”，就是用儿童熟悉的场景去勾连。课堂中，用“魏来是哥哥”这样的形象比喻说明“3 是因数”的表述问题，学生一下豁然开朗了。学生对抽象概念的解读是有法可循的，切不可以让学生仅通过机械记忆“关键词”，总结出“看到‘最大’‘最多’等词的时候一般是求最大公因数，如果见到‘至少’‘最少’这样的词一般是求最小公倍数”这样的方法帮助学生解决困惑。在呈现这些概念时，可以借助生活实例让学生明确概念的意义。

## 儿童的“错误”与深度思考的“快乐”对接

“数的整除”单元被称为“小学数学中的‘文言文’”，其抽象和枯燥程度不言而喻。但只要挖掘出概念的本质，与学生熟悉的生活相联通，就可以让抽象的概念走下“神坛”，变得“亲近”起来。

对于思维发展尚不成熟的儿童，犯错误是儿童成长中的重要经历，他们的思维发展还不成熟，知识掌握还不完善，生活阅历还不丰富，他们需要得到更多的理解和接纳。作为老师，应该用宽容、平和的心态去对待学生的错误，充分利用学生的错误，把错误当作一种重要的资源，让学生在对错误的辨析中厘清概念，让学生的错误大放异彩。

“数的整除”单元中概念多，而且比较抽象，学生经常会表现出对概念的认识不全面的问题，如对因数、倍数的概念理解不能一步到位；概念容易混淆的问题，如单纯地认识“51 是奇数”没问题，对“51 是奇数也是合数”就感到困惑；等等。但这些都没有关系，要给他们犯错的权利，让他们在“错着错着就对了，聊着聊着就会了，问着问着就明白了”的轻松氛围中学习，通过语言的外化，让学生的思维可见，这是一种难能可贵的资源。对“错误”的剖析与争论会给学生带来进一步探究的激情，带来深度的思考，带来智慧的碰撞。生涩的概念会因学生的深度探究而变得有趣。

## 三、深谙学生认知动向，让数学教学得法

### “溯本清源”抓住概念的本质

前面提到，在学习因数、倍数概念时，大多数学生总会有这样的疑问：为什么今天学的因数和以前学的因数不一样？“此因数非彼因数，此倍数非彼倍数”，我倒是可以记住这个结论，可是我想知道为什么。这些学生当中普遍的问题，却蕴含着事物的关键，这使我们不禁思考：对问题的本质我们真的了然于心吗？以己之昏昏岂能使生昭昭？

#### 1. 揭示因数、倍数概念的同一性

教学中，有的从乘法算式的形式引入因数、倍数的概念，有的以除法的形式，在分类的前提下引入因数、倍数的概念。

无论是在“整除”的前提下引入概念，还是在乘法算式、除法算式中引入概念，它们只是途径的不同，事实上都在反映同一个事实，揭示三个正整数之间的关系，几种表达方式是等价的。比如，因为 $6\div2=3$（或 $2\times3=6$），我们就可以说 6 能被 3 整除，3 能整除 6，6 是 3 的倍数，3 是 6 的因数。明晰问题的本质，就不会纠结是“乘法”中还是“除法”中这些形式上的东西，而是抓住数的关系的本质要素。教学中我采取了让乘法、除法算式共同出现的策略，不让学生被形式化的表象所迷惑，而让学生在真实情境的多元表达中认识概念的本质。

“如果有 12 个人要分成若干个小组，要求每个组的人数相等，可以把分的过程用磁扣摆一摆，谁来试试？”这个问题出现后，鼓励学生从不同的角度去表达解决问题的过程出现了：$12\div2=6$，$12\div6=2$，

6×2=12；12÷3=4，12÷4=3，3×4=12；12÷12=1，12÷1=12，1×12=12。学生对算式和问题进行有效的沟通，自然寻求到数和数之间关系的本质，学生跳出乘法、除法的形式去感悟因数、倍数的概念，悟到的是概念的本质。

2. 关注新旧概念之间的联通

"此因数非彼因数，此倍数非彼倍数"，在"数的整除"大单元学习时，学生对因数、倍数概念纠缠不清，出现这样的问题不是偶然的。因数、倍数的概念在教材中出现了两次，且意义是不同的，梳理概念在教材中呈现的过程，明确每一部分概念在学生头脑中的认知很重要。

现行使用的教育部 2013 年审定的数学教材中，学生在低年级学习"乘法的初步认识"时，认识了乘数和积的概念，中年级学习"四则运算"时沟通了乘法和除法之间的联系，出现了"因数 × 因数 = 积"的关系式。在这里因数、因数、积是乘积关系中数的名称，这些名称的表述是有条件的，一定是在乘法算式的背景下，不能脱离乘法算式的背景说谁是因数、谁是乘数。比如在 2×3=6 的算式中，2、3 都是因数（或乘数），6 是 2 和 3 的积，如果说 6 是 2 的积是不可以的。这个关系中涉及三个或三个以上的数，比如在 2×3×4=24 中，2、3、4 都是乘数，24 是 2、3、4 的积。

五年级学生接触到了因数、倍数的概念，同字不同义的干扰，同时又都可以在乘法算式里讨论，着实会让刚刚接触这些概念的学生感觉云里雾里。"数的整除"单元中，因数、倍数是一种互相依存的关系，不能单纯地说谁是因数，谁是倍数。这里的因数指向的是两个相乘的数，如 8 的因数有谁？思考的方向可以是哪两个非 0 自然数相乘等于 8？所以因数一般都是成对出现的。倍数指向的是两个数相乘的结果，如 8 的倍数有哪些？思考的方向是 8 与另一个非 0 整数的积。捋清教材的脉络，了解学生的认知，才能让学生知道“此因数非彼因数，此倍数非彼倍数”的道理。

通过上述分析我们知道，已有的认知会对学生认识新知产生很大的负迁移，如何找准学习的起点，使今天学习的概念不是“强扭的瓜”？教师无论如何不能绕过学生已有的认知经验。学习是学生的内部活动，数学知识必须通过学生自己“内心的挣扎”才能真正明白。只有遵循学生的已有认知，以学论教，才能让学习真正发生！与其让学生记住“此因数非彼因数”，不如“明知山有虎，偏向虎山行”！让学生在认知冲突中带着好奇、带着疑惑，走进概念。

于是在“因数和倍数”一课的引入环节，我单刀直入地抛出因数、倍数两个概念。

儿童学习数学是对已有生活经验和知识经验的解读，他们的体验是不可替代的，同时也是绝不能忽视的。与其回避、敷衍，不如直面迎上，“打开天窗说亮话”，让问题直观地暴露出来。学生在真实的问题中会“敞开心扉”，动用自己的“十八般武艺”把问题澄清。

## 丰富概念内涵，多种形式理解概念

### 1. 从生活走向数学，让概念经历数学化的过程——瞄准概念的关键点

如何让抽象的因数、倍数概念走进儿童的数学认知系统？化抽象为具体，让学生在活动中体验概念的数学化过程可以让概念亲近学生。

活动是儿童与人们交往、认识世界的主要方式。意大利著名教育家蒙台梭利说：“儿童对活动的需要几乎比食物更强烈。”可见，在课堂上进行数学活动，是学生有效学习的迫切需求。

在“因数和倍数”一课教学中，没有让学生从抽象的算式走向“因数”“倍数”的概念，而是让学生围绕问题思考：如果有 12 个人要分成若干个小组，要求每个组的人数相等，把分的过程用磁扣摆一摆，谁来试试？通过动手操作、提炼算式引入概念。

生活中的问题、鲜活的直观学具、一乘两除的三个算式，形成有联系的整体结构，让学生感受到抽象的“因数”“倍数”概念是从生活现象中衍生出来的。

### 2. 数形结合，让概念在应用中得到升华——凸显概念的深化点

“数”与“形”是贯穿数学学习内容的两条主线。从自然数产生开始，数学家就对自然数的性质开始了深入研究，发现了自然数的很多性质，从而形成了一门与几何同样古老的学科——数论。我们小学阶段涉及的因数、倍数、奇数、偶数、质数、合数等都属于这个范畴。有趣的是，在毕达哥拉斯学派看来，数为宇宙提供了一个模型，数量和形状决定一切自然物体的形状，数不但有量的表达，也有几何形状的直观，在此基础上，发现了独特的数——形数。如 1、3、6、10 等为三角形数，1、4、9、16 等为正方形数。这种有趣的认识数的方法，使对数的研究上升到一个新的高度，既方便又直观。“万物皆数”的观点把数和形联系在一起，“数形结合”的思想方法可以让我们更科学、有效地研究数的特性。正如我国著名数学家华罗庚所说：“数缺形时少直观，形少数时难入微；数形结合百般好，隔离分家万事休。”

如何让枯燥、无趣的找因数的活动变得直观形象，突出关系的本质？数形结合是实现这一目标的利器。我在安排学生找因数的过程中，有目的地安排了这样的环节：

咱们一起来找找 36 的因数和倍数，先找因数，写在作业纸上。

学生出现了各个不同层次的认知水平。从无序到有序，从零散到完整，从完成单一任务到建立认知结构，数线的形象直观表达，让因数的本质得到了凸显。

在数线上标出36的因数，同时又用不同颜色的一对一对的磁扣凸显一个数因数的特点，“因数”的概念在学生的头脑中变得鲜活起来，这也恰恰抓住了因数的本质，因数就不再是单纯地通过除法算式去寻求的对象，学生也就不会出现“连除法算式都不是，怎么能有因数和倍数？反正不是老师说错了，就是书上写错了”的疑惑。

### 3. 打通“隔断墙”，形成结构体系——构建概念的联通点

我经常这样对学生说：“我们每人手里托着一个盘子，每次获得了一个新知识，盘子里就多了一颗珍珠，知识获得得越多，珍珠的数量就会相应增加。如果你们不学会整理，它们放在盘子里就如同一盘散沙，没有太大的价值。只有把这些珍珠按照颜色、形状穿成美丽的项链，才会价值连城。”数学知识的系统性很强，前面的概念是后面概念的基础，后面的概念是前面概念的发展，从而组成前后勾连、主干分明的整体结构。“数的整除”单元中概念多，非常容易混淆，每一个概念都蕴含着其形成过程。同时，在这些概念中，并不是每一个概念的重要性都相同。让学生了解相关概念之间的紧密联系，建立各个概念之间的联通，夯实“承重墙”，打通阻碍学生思维发展的“隔断墙”，这些非常重要。学生只有通过自主建构，形成知识结构，才能完善对概念系统化、结构化、整体化的认识。

在完成数的整除相关概念的学习后，我安排了一节复习课，让学生经历自我梳理、自主建构知识网络的过程。学生头脑中那些孤立的、零散的、模糊的概念，穿成线，连成片，结成网，学生“在游泳中学会了游泳”，从整体上理解和掌握了概念之间的内在联系，有了“一

览众山小”的体验。

数学概念不是孤立存在的，而是具有一定的系统性与联系性的。作为教师，要给学生自主建构的时间和空间，让学生自主探寻概念之间的内在联系及其蕴含的方法，在教师的引导下形成脉络清晰的立体网络，从而完善认知结构。

“数的整除”单元教学，是以概念为主要研究对象的，对于本单元的教学，既有其自身的特殊性，同时也遵循概念教学的一般规律。通晓概念认知的规律，有助于为学生实现深度学习提供保障。下面是概念教学的基本环节与途径。①

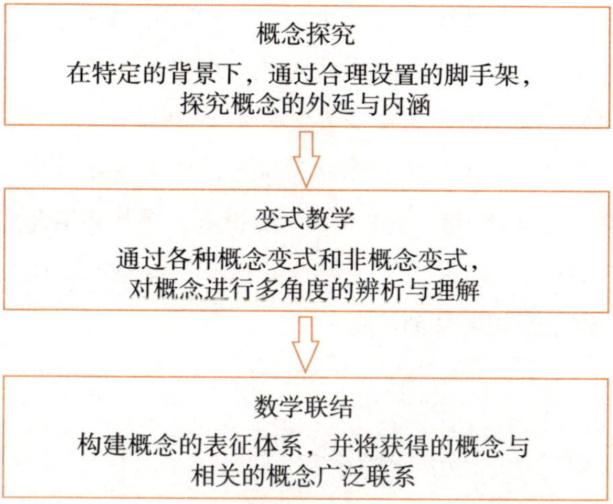


## 四、我的期待

2022 年 4 月，《义务教育数学课程标准（2022 年版）》发布，进入新发展阶段，我们的教育教学又该有怎样的变化呢？具体到“数

① 鲍建生，周超．数学学习的心理基础与过程［M］上海：上海教育出版社，2009：137.

的整除”大单元教学会有怎样的教育愿景呢？我期待呈现这样的课堂：

•学生深深地被单元教学中的问题所吸引，小组合作、对话辨析成为教学的主旋律。

•学习的概念与实际情境紧密结合，在学生的经验中都找到了原型。

•教室里贴满了学生自主绘制的网络图，张张凸显了知识之间的联系。

•如何找到更大的“质数”？……学生主动利用信息技术探索本单元有趣的问题。

•学生深深地被“哥德巴赫猜想”“1为什么既不是质数也不是合数”等问题所吸引，几个志同道合的同学一起组成了“课题探究小组”……

•学生对二进制、技术之间的关联产生强烈的好奇心，把数学与信息紧密融合，决定将来进入信息技术研发领域……

•“生涩的文言文”变得充满了情感，学生追寻历史的脚步，探寻“完美数”“富裕数”“贫穷数”的由来，寻找我国悠久的历史文化中为什么会对“24”“12”等数情有独钟，24节气、12个属相等现象中竟然存在着令人寻味的秘密……

# 五

# 专家说

专 家 说

## 用正确的思想育人

### ——吴正宪老师数学课观课体会

方运加（首都师范大学副教授）

注重用正确的思想引导学生，这是我对吴正宪老师数学课的直接感受。可能有人会对我的这个感受存疑，难不成她是在数学课堂上讲政治？但若能意识到数学就是意识形态的构成，根本上是人的思想的产出，也就不至于有什么误解了。

数学是由人类未曾间断过的主动思想累积形成的，是智慧的结晶，是世代传承的知识，其思想的正确性经受过实践检验和逻辑证明，所以，但凡能被称为数学思想的，就一定是人类公认的思想并被奉为真理。在儿童启蒙阶段，用数学的思想培育他们是人类的共识，这个共识由教师来落实。

数学是正确的思想并不意味着一定会得到正确的理解，也不保障在传播过程中人人都能够做到准确无误。在数学及其学习者之间有两个主要中介，一是教材，二是教师，二者都有责任用准确的数学思想培育学生，使学生因掌握这个思想重器而获益良多。简言之，数学思想需要课程设计者、教材编写者和教学者的准确理解及科学传播。

数学学习的一大好处就是不必从结绳计数开始，就算是启蒙阶段的数学教育，也可以从最新、最先进的数学观念进入，这是教育现代化在中小学数学教育中的原则体现。这其中，教材和教师是关键！教材要千方百计地以承载准确的数学思想为己任；教师要对数学学科的教学内容有科学的把握和智慧的认知，要坚持以正确的、易于理解的数学思想培育学生。至此，我所说吴正宪老师的数学课能够用正确的思想引导学生，正是基于前述意义的看法。这个看法可能并不引人关注，也许有人会问，教数学不就是教正确的思想吗？数学思想还有不正确的吗？这正是问题所在，数学思想是正确的、是真理，但数学知识的传播者却有可能并不总能做到传播正确的数学思想。在这方面，数学教师要有底线意识，要将数学思想教得清澈见底、深入人心，要杜绝混浊。

吴正宪老师的"因数和倍数"课堂片段实录以及"数的整除复习"课堂实录反映出的最鲜明的特点，就是她坚持用正确的数学思想这个高端境界影响学生并为此付出极大的努力，如此教学乃数学教育责任感使然。现摘述个别教学片段以方便本人阐述观课体会。

## 体会一：吴老师能够坚守数学教育的底线意识

【教学片段】

师：（板书因数和倍数后）……举个例子说说什么是因数，什么是倍数。

生1：乘法里有因数，比如说 2×3=6，2 和 3 都是因数。

师：你举的例子真好！……关于 2 和 3 就有故事，比如一支笔卖 2 元，买 3 支，就用 2×3=6 表示。又比如一支笔卖 0.2 元，买 3 支笔，该怎么列算式？

生1：算式是 0.2×3=0.6。

师：你们认为这里面谁是因数呢？

生1：0.2 和 3 都是因数。

师：我听懂了，你们认为在乘法算式里乘号前面的数和后面的数都是因数……

吴老师通过提问摸清楚了学生对因数的基本认识，学生普遍认为，在乘法运算中，紧邻乘号的数都叫因数。的确，之前的乘法教学就是这样教学生的，而且 2013 年审定的教材也是这样编写的，编写的依据为 2001 年版《全日制义务教育数学课程标准（实验稿）》（简称“2001 版课标”）第一学段的“数与代数”中“数的运算”的具体目标（1）“结合具体情境，体会四则运算的意义”（请注意：未提“整数四则运算”）的注 [1] 中有乘数“也可以叫因数”的说法。① 在之后的 2011 版课标中，笔者未找到“乘数”这个词（除了一道例题说明中出现了一次），但这版课标与 2001 版课标一样，在第二学段“数的认识”中，也要求“在 1 ~ 100 的自然数中，能找出一个自然数的所有因数”②。值得关注的是，前后两版课标的相关内容中都未出现“整除”这个词。就因数和乘数这两个名词看，吴老师执教的这两节课的听课学生所用的教材似乎都是按照 2001 版课标 13 页的注 [1] 来混用因数和乘数的，即无论是小数乘法还是整数乘法均可以将乘数称作因数。

另外，两个版本课标在第一学段似乎都未提出“整数”这个名词及其概念。

2001 版课标在第一学段的导言开头即说明，“在本学段中，学生将学习万以内的数、简单的分数和小数、常见的量”③。注意，表述中用的标点是顿号，表明这几个认识对象是并列关系，若仔细推敲这几

① 中华人民共和国教育部．全日制义务教育数学课程标准：实验稿［M］．北京：北京师范大学出版社，2001：13.

② 中华人民共和国教育部．义务教育数学课程标准：2011 年版［M］．北京：北京师范大学出版社，2012：20.

③ 同① 12.

个概念间的属种关系，如此表述似乎有违数学思想表达的严谨性。

而在2011版课标第一学段学段目标的“知识技能”中，提到“理解万以内数的意义，初步认识分数和小数；……体会四则运算的意义”[①]等，也未提“整数”二字。

值得注意的是，2001版课标在第二学段的“数与代数”的开头即说明，“在本学段中，学生将进一步学习整数、分数、小数和百分数……”[②]。第一学段都没提整数这个词，何言第二学段将进一步学习整数？

2011版课标在第一学段“数的认识”中不提“整数”，却在接着的“数的运算”中提到“体会整数四则运算的意义”，“能进行简单的整数四则混合运算”。[③]衔接、呼应不够，试想，若在之前未学习整数、不认识整数，那如何体会整数四则运算的意义呢？

显然，整数概念在第一学段的不分明，带来了后续一系列的教学不便，这在一定程度上有碍正确的数学思想的传播。认真研究吴老师的这两个教学片段，在教与学的交流中，学生因少了整数这个词，带来的沟通不顺、话语不流畅的状况较为明显。吴老师了解学生的思想及问题根源，也熟知教材与课标，但并不因此而回避责任，她直面学生存在的问题，对数学思想的传播采取了极其负责任的态度。

---

① 中华人民共和国教育部．义务教育数学课程标准：2011年版［M］．北京：北京师范大学出版社，2012：10.

② 中华人民共和国教育部．全日制义务教育数学课程标准：实验稿［M］．北京：北京师范大学出版社，2001：20.

③ 同① 17.

## 体会二：吴老师肯在数学基本概念的教学上下功夫

【教学片段】

师：如果有 12 个人要分成若干个小组，要求每个组的人数相等，可以把分的过程用磁扣摆一摆，谁来试试？

学生通过摆磁扣，先后列出了 2×6=12、12÷2=6、12÷6=2、3×4=12、12÷4=3、12÷3=4、1×12=12、12÷1=12、12÷12=1 等算式。

……

师：我想这样分（把磁扣分成了 5、5、2 三份），你们看看可以吗？

生 2：（在犹豫中回答）不可以…

生 3：可以，每组人数同样多，都是 5 个。

师：假如这样分，5 个人一组，怎样表达呢？

生：12 个人分成两组，每组 5 人，还剩 2 人，算式是 12÷5=2……2。

（教师移走了 12 个磁扣，指着黑板上这些算式问学生有什么感觉，学生都说有点乱。）

吴老师在学生已有认识的基础上，让他们动手操作 12 个磁扣的分组方式，使学生自然进行整除意义上的分组，并通过教学设计使他们处于不能按组数平均分的困境，从而在整数的乘与除之间设计了一条有待学生自主打通的通道，即使得学生能够按“有无因数和倍数的关系”来区分整除与否。

为了形成对数与数之间相对抽象的运算关系的认识，吴老师有意移走了所有的磁扣，使得学生直面“一堆算式”来进行分类。学生按自己的认识或理解主动进行分类陈述后，吴老师以圈画的方式将黑板上的所有算式分成了两个算式集合，建立了整除意义上的乘除运算关系和不能整除情况下的运算表达，帮助学生理清思路并借机强调因数和倍数关系的适用范围，明确指出 0.2 和 3、12 与 5 之间不存在整除意义上的因数和倍数关系。

这种分类属于抽象的分类，是根据乘除运算生成的分类，与之前学生曾经学过的用除以 2 可将自然数分为奇、偶两类数的情况类似。

数字 2 使得全体自然数分为奇、偶两类，即能被 2 整除的和不能被 2 整除的。凡是能被 2 整除的数，2 就是该数的因数。若不能整除，则可以在小数范围继续除下去，如 3÷2=1.5。但若因此将 1.5 和 2 称为 3 的因数，则因数的不确定性将会要多大就有多大。照这个道理，0.15 和 200 也是 3 的因数，0.03 和 100 仍是 3 的因数，可以永远写下去，3 的这样的因数显然有无穷多个。而众所周知，整数 3 的因数只有 1 和 3，共两个。

“因数”这个概念若是这样无范围、无限制地使用，意义尽失矣！在乘法运算中，一般情况下，相乘的数称作“乘数”更为贴切，适用性较广。“因数”这个概念之所以用于自然数（正整数）范围的整除（分解）运算，就在于其所得结果的确定性及有限性。正如 1、2、3、4、6、12 可以整除 12 一样，它们都是 12 的因数，且个数有限。不难断言，任何自然数都可以进行因数分解，对具体自然数进行因数分解所得到的全部因数，具有确定性、有限性，甚至唯一性（质因数分解）。因数分解是研究整数的利器，分解的实质就是用整数整除整数，这是算术的主线，小学阶段的“九九乘法口诀”即这条主线的开端。

面对学生的模糊认识，吴老师报以充分的理解并精准施教，为此付出了极大的耐心。她从分类运算的角度使学生明白，存在因数和倍数关系的数一定是整数，而且是与因数之间存在整倍数关系的整数，这是两个整数之间的密切关系。就此，吴老师生动地总结道："因数和倍数，就是一组的，如同兄妹，相互依存。"之后再通过对 36 的因数分解，进一步使学生体会并掌握因数概念的意义。

## 体会三：吴老师特别注重对数学研究对象的抽象过程的教学设计

【教学片段】

师：咱们一起来找找 36 的因数和倍数，先找因数，写在作业纸上。

师：我们一起来看一看同学们找的因数。（展示学生作品。）

生 1：6，3，2，1，我找了 4 个。

生 2：6，4，9，我找了 3 个。

生 3：6、4、9、1、36，我找到了 5 个。

（其他学生陆续汇报："我找了 8 个因数。""我找了 9 个因数。""我找了 10 个因数。"）

师：36 的因数，有人找得多，有人找得少，不着急，我们先看看 1 号作品（图略）。这个同学怎么就找全了呢？他有什么经验吗？

……

生 4：我还发现 36 的头上有两个"点"，36 既是自己的倍数也是自己的因数。

师：真是好眼力！（板书：既、又）继续观察，在这些因数里还发现了什么？

生 5：在 36 的这些因数当中，1 是最小的因数，36 是最大的因数。（教师板书：最小、最大。）

吴老师选择 36 作为学生研究的对象，组织他们寻找 36 的因数和倍数。这是个大小适当的整数，对其进行因数分解后得到的整数涉及奇数、偶数、质数、合数、最小因数、最大因数等多个整数的子概念，可以说是五脏俱全。及至课尾，连最小因数 1 和最大因数 36，学了这节课的学生都能够发掘出来，从而圆满完成了对整数因数分解的初步学习。

在小学数学教材中，数的整除是“概念比较集中的一个单元”，但这个单元的真正开始其实上溯至“九九乘法口诀”的学习。从整数间的运算看，乘除是“孪生运算”，没有乘，哪有除？乘除相倚！这是研究整数（自然数）的基本思想方法，是典型的对立统一，是数学中的辩证法，是数学体系中概括程度较高的思想精华。

推动“双减”政策落实的关键在于学校的学科教学质量。吴老师赋予整数除法“承重墙”的地位是恰如其分的，有效强化了小学生对整除概念的掌握。

打通“隔断墙”则是对教材内容中处于片面的、分散的、孤立的、不利于学生整体认知或理解的、事关整除的众多概念的分隔现状进行了疏通。破“隔断墙”、立“承重墙”，一破一立，当之无愧的数学教育好思想，是高效传播数学思想的教学创造。当然，做到这个程度很不容易，不仅要搞清什么是正确的思想，还要搞清错误的认识从哪里来，因何而来，只有从源头上治理，才能使好思想的传播流畅起来。

## 体会四：吴老师能够用辩证统一的观点引导学生理解数学知识

【教学片段】

师：同学们，刚才零零散散的那么多有关整除的概念，就被大家你一言、我一语，你找一组、我找一组地板书出来了。……你们今天正是经历了一次重要的盲人摸象的学习过程。（学生用不解的眼光看着老师）我看到你们用不解的眼光看着我，盲人摸象中有偏见，对吧？我摸到大象的身子像堵墙，就说大象是墙；摸到大象的腿像柱子，就说大象是柱子。片面吗？真实吗？（学生摇头）不真实吗？我摸到的就是柱子啊，怎么不真实啊？同学们开始整理概念的过程就是这样的过程，片面且真实。……学整除这部分知识，象头是谁？（生：整除。）

吴老师用《盲人摸象》这个成语故事启发学生用整体的、全面的眼光来认识各个局部。她重视向学生渗透事物的整体与局部的关系。在教学中用这个思想处理整除与因数、倍数的关系，并用网络图将多个零散的概念用整除运算这张网联系起来，使学生在学习数学知识的同时，学到了“辩证统一”的思想方法，数学课充满了哲学味。这启发我们，小学数学课程中关于数的内容的整体主要就是整数，就如同一头大象，这头大象躯体的各个局部都可以用“和差的思想”来认识，也可以用“乘除的方法”来剖析。关于整数研究的这个思想内容应该得到课标或教材编撰者的重视。

两个版本的课标多次出现“万以内(的)数”“万以上的数”的表达，提到十进制，提到会用万、亿为单位表示大数。但若从语法或常理上理解“万以内数”，连$\sqrt{2}$、π也是包括在内的，否则该怎么理解“万以内”的数呢？为了畅通小学阶段的“数的认识”，应该设法尽早强调万以内数是指大于0小于10000的整数，或像课标中所表达的“1～100的自然数”那样，说明是指1～9999的整数，总之，办法有很多！

人所共知，分数、小数是因由整数之间的除法运算而生成的，没有整数，这两个名词就没有意义。整数、分数、小数这三个名词所表达的概念具有逻辑上的因果性或生成关系。整数是整个数学都绕不过去的概念，在小学低年级采取“犹抱琵琶半遮面”的态度对待整数概念，学生负担会重，教师教学会累。

尽管两个版本的课标及其教材有不令人如意之处，但应该相信数学思想的力量，终会助推大家吸取教训、纠正不足，坚持为小学生提供优质数学课程。更关键的是，我们拥有庞大的以吴正宪老师为代表的优秀的数学教师队伍，他们以“千淘万漉虽辛苦，吹尽狂沙始到金”的精神，殚精竭虑，补救课程或教材的种种不足，守住正确思想的大门，让小学生享受到优质的数学教育，掌握正确的数学思想方法。有他们坚守课堂，学生享受的数学教育是令人放心的。

出 版 人　郑豪杰
责任编辑　郑　莉　殷　欢
版式设计　蓝喜闻　郝晓红
责任校对　贾静芳
责任印制　叶小峰

**图书在版编目（CIP）数据**

小学数学结构化单元教学丛书. 数的整除 / 吴正宪，武维民，张秋爽丛书主编；周卫红，禹芳主编. —北京：教育科学出版社，2023.6
ISBN 978-7-5191-3300-9

Ⅰ. ①小… Ⅱ. ①吴… ②武… ③张… ④周… ⑤禹… Ⅲ. ①小学数学课—教学法 Ⅳ. ①G623.502

中国国家版本馆CIP数据核字（2023）第084984号

小学数学结构化单元教学丛书
**数的整除**
SHU DE ZHENGCHU

| | | | |
|---|---|---|---|
| 出版发行 | 教育科学出版社 | | |
| 社　　址 | 北京·朝阳区安慧北里安园甲9号 | 邮　　编 | 100101 |
| 总编室电话 | 010–64981290 | 编辑部电话 | 010–64981357 |
| 出版部电话 | 010–64989487 | 市场部电话 | 010–64989009 |
| 传　　真 | 010–64891796 | 网　　址 | http://www.esph.com.cn |
| 经　　销 | 各地新华书店 | | |
| 制　　作 | 北京京久科创文化有限公司 | | |
| 印　　刷 | 北京华创印务有限公司 | | |
| 开　　本 | 880毫米×1230毫米　1/32 | 版　　次 | 2023年6月第1版 |
| 印　　张 | 5 | 印　　次 | 2023年6月第1次印刷 |
| 字　　数 | 110千 | 定　　价 | 35.00元 |